JN014900

株で「給料の3倍稼げる!」

新NISAはほったらかしが9割

長田淳司［著］

双葉社

はじめに

～新NISAで資産を築こう～

我々日本人にとって投資が当たり前になるきっかけ、〝新NISA〟がいよいよ始まりました。新NISAの登場により、事実上、個人投資家にとって投資は一生〝非課税〟で行うことができるようになりました。

この本をお読みになっている方の中には、すでに旧NISA制度（※現在も制度は継続）に投資している方もいるでしょう。しかし、2024年から始まった新NISAは、これまでの非課税投資とは意味合いが違います。

一般的な日本人にとって、リスク資産である株式や投資信託への新NISAの投資枠〝1800万円〟という金額は十分な投資枠です。つまり、株式投資はほとんどの人にとって〝非課税で行える〟ということになるのです。

個人投資家への新NISAの非課税投資枠は、先行して導入されているアメリカやイギリスの枠に比べればまだ小さいのですが、これまでのNISA枠（上限600万円）はそれにしても小さすぎるものでした。「NISAがあるから投資しないと損じゃないか」という考えから投資を始める人は少なく、昨年までの旧ＮＩＳＡの非課税枠では「投資を始めよう」という投資意欲を高めるほどでもありませんでした。

しかし新ＮＩＳＡの登場で、いよいよ日本人の株式投資は広まり、個人資産における株式等がポートフォリオに占める割合が増えていくでしょう。まさに今年、２０２４年にスタートした新ＮＩＳＡが大きな呼び水となり、日本人にとっての新たな〝投資元年〟が始まったと言えるのです。

ここで私の自己紹介をさせていただきたいと思います。

すでに私の著書に目を通していただき、私のことをご存じの方もいらっしゃるかとは思いますが、改めて説明させていただきます。

私は現役サラリーマンの兼業投資家で、株式セミナーの講師も務めている長田淳司と申します。今までに株式投資に関する本を4冊ほど出版させていただきました。

普段は某金融機関に勤務するサラリーマンですが、兼業投資家として株式投資を続け、これまでの投資歴は20年近くになります。本業の投資専門のプロではありませんので、皆さんと同じように株式に関する特別な情報もなければ、機関投資家のような投資手法もありません。私が実践しているのは、誰にでもできる、ごく当たり前の投資法です。これまでの数々の失敗の中から自分なりに見出した投資手法で、地道にコツコツと投資を続けて資産を築き上げてきました。

これまでの著書でもご紹介してきたように、私が実践している投資法の基本は〝中長期投資〟です。デイトレードやスイングトレードなどの短期投資で値上がりを狙う投資法ではなく、じっくりと腰を据えて、狙った銘柄をゆっくりと仕込んでいき、中長期で利益を得る投資スタンスです。

この投資スタイルは、非課税期間が無期限に延長され、保有銘柄をじっくりと持っていられる新NISAにマッチした投資法と言えます。

本書では、私の投資法の基本である〝中長期投資スタイル〟をベースに、新NISA向けにアレンジした〝新NISA投資法〟をご紹介したいと思います。

新NISAで投資することが常識になる時代に

新NISA制度は非課税措置の金額が拡大され、非課税期間が無期限に延びたことで、投資家はもちろん、今まで株式投資をしてこなかった人にも「やらなきゃ損」という感覚が生まれます。投資に興味がない皆さんも本当は「もっと給料が増えたらいいのに」「資産があったらいいのに」「一生懸命働いているのになぜ給料が上がらないのだろう」と思っているかもしれません。残念ながら普通に給与所得者が働いているだけでは、もはや所得は大きく増えなくなりました。給与所得課税の強化、社会保障費用の増加、雇用解雇規制などの縛りがある中では、サラリーマンとしての給与の伸びは限られています。経営側からすれば人件費の総額に限りがある以上、頑張った人に2倍も3倍も給料を増やすことはできないですし、できたとしても給与所得である以上、源泉徴収で税金が半分以上取られてしまうのです。

こうした状況の下で、サラリーマンでありながら人並み以上にお金を大きく増やすには、副業または新ＮＩＳＡ非課税口座を利用した株式投資で資産形成を目指すしかありません。

これから新ＮＩＳＡ口座でコツコツと資産形成し、自己実現ができる、老後も安心という人が増えていきます。逆に言えば新ＮＩＳＡで投資を始める人とそうではない人の間に、給与所得では埋めようのない格差が生まれだすのが２０２４年という新ＮＩＳＡ元年です。

金融庁が作成して話題となった老後２０００万円問題が２０１９年に騒がれてから数年が経過しました。普通に年金暮らしをしているだけでは老後資産が枯渇して生活できなくなってしまうという情報が独り歩きし、センセーショナルな話題となりました。老後２０００万円問題では〝公的年金＋自分で積み立てた資産〟からの金融所得で老後の生活を送ってもらうという政府の方針をかなりわかりやすく打ち出しています。「何でも政府がやってくれるという考えから脱却して自分の力で稼いで欲しい」と考えているのは、前首相の菅義偉氏が掲げた〝公序〟という考え方にも現れています。

といっても、「これからは自分で老後資産を増やしてください」と言いっぱなしでは政府として無責任です。そこで政府は投資で資産を増やすことを優遇することにしました。具体的には非課税口座（ＮＩＳＡ）を作り、そこで稼いだお金について課税対象から外すということです。

もちろん政府も「年金制度が少子高齢化で歪みつつあり、年金制度だけではゆとりある老後を過ごすことができない」とは大声で説明はしていません。年金が老後生活を守っていく、持続的で安定的な年金を保障すると言っています。しかし今の現役世代は、老後の生活を年金制度で丸抱えしてもらうことを本気で信じておらず、着実に自分の人生を豊かにするために活動しています。その中には株式投資で着実に資産を増やしている人たちもいるのです。

そうは言っても「株式投資が怖い」という人も多いでしょう。確かに元本保証商品ではありませんから、リスクがあり、絶対はありません。それでも一部の人は新ＮＩＳＡをきっかけに投資に踏み出すことでしょう。

事実、資産0から積み上げていく場合、株式などリスク資産への投資は、最初の10年ぐらいは大きな差はありません。しかし新ＮＩＳＡ制度等を使い、２０００万円～３０００万円まで資金が増えてくると、複利効果で資産増加速度がアップし、給与労働者間でもはや取り返しのつかない資産格差が生まれてきます。

通常であれば税金の徴収により、所得の格差は埋められます。年収１０００万円ぐらいになると所得税の源泉徴収が上がっていきます。給料がいかに上がっても、60％～70％取られるようになります（所得税33％、住民税10％、消費税10％、社保15％）。逆に言えば、源泉徴収という仕組みにより、高所得者から低所得者へ資産移転が行われているのです。

しかし、新ＮＩＳＡの導入で格差拡大が止まらなくなります。これからは資産を持っている人と持っていない人で残酷なまでに格差が広がります。

２０２０年から２０２３年までの新型コロナでは大量の資金が各国の中央政府（中央銀行）から供給されました。だぶついた資金は世の中を駆け巡り、インフレを引き起こし続けています。一度世の中に出たお金は増えるペースが調整されるだけで回収されることはありませんから、格差が埋まることはなく、ひたすら拡大し続けていくだけなのです。

格差が広がり続けるのですから、それを批判していても始まりません。現実的に考えて、投資家になって少しでもその恩恵を受けたほうが得策というものです。新ＮＩＳＡ制度というのは、国からすれば「制度は用意したので自主的に投資家として頑張ってくださいね」というメッセージなのです。

本書は、新ＮＩＳＡで資産形成をしたい人に向けてのエールです。

さあ、新ＮＩＳＡで投資を始めて、10年後のアナタとアナタの家族の幸せのために一歩を踏み出しませんか。

２０２４年１月吉日　長田淳司

目次

第3章・3rdステップ 絶対に失敗しない！ 新NISA投資法 〜実践テクニック編〜――101

第1章

1stステップ
新NISA投資の基本をマスター
〜ベーシック知識編〜

この章では主に新NISA口座で投資するにあたって知っておくべき基礎知識、制度上の特徴や優位性などをご説明することで、新NISAで確率高く勝つ（利益を出す）ために必要な“新NISA投資マインド”を養っていただこうと思います。新NISAをきっかけに初めて株式投資を始める初心者の方、株式投資はしていたけれど新NISAをきっかけにNISA口座での投資を始めようとしている方、あるいはこれまでの投資法では利益を出せなかった投資家の方、そうした投資家の皆さんに必要な新NISA投資のベーシック知識をこの章でしっかりと身につけていただきたいと思います。

そもそも〝NISA〟とは？

そもそも〝NISA〟とは何でしょうか？

2024年から始まる新NISAをきっかけに株式投資を始めようという方、すでに株式投資はしていても、一般口座での通常取引のみでNISA口座は利用していない（開設していない）方など、〝NISA〟という言葉や制度があることは知っていても、実際にNISAについてその内容を知っているかというと、実は知らない方も多いのではないでしょうか。

そこでここでは新NISA投資を始めるにあたって、知っておくべきNISA制度についての知識をご紹介しましょう。

今さら聞くに聞けない「NISAって何？」についてご説明していきます。

〝年120万円、非課税期間は5年〟制限ありの少額投資非課税制度

〝NISA〟とは「少額投資非課税制度」のことで、「Nippon Individual Saving Account」の略（頭文字を繋げた）です。

〝Individual Saving Account（ISA＝イーサ）〟とは「個人貯蓄口座」のことで、もともと英国で投資・貯蓄の譲渡益・配当・利息が非課税となる口座で、個人向けの投資・貯蓄奨励制度として1999年に導入されました（毎年2万ポンド＝約360万円を上限、非課税期間恒久）。その〝ISA〟の日本版で〝NISA〟というわけです。

〝日本版ISA〟であるNISAも、株式や投資信託の投資金における売却益（譲渡益）と配当への課税を一定の制限のもとで非課税とする制度で、「一般NISA（通常の株取引と同様）」と「つみたてNISA（自動積立で一定の基準を満たした投資信託に投資）」の2種類があります（他に〝ジュニアNISA〟もあり）。なおNISAを行う場合には、通常の取引口座とは別にNISA口座を開設する必要があります。

つまり簡単にいえば、NISA口座を利用して行った株の売買で得た利益や配当には税金がかからない（非課税）ということになります。

たとえば通常の株取引で10万円の利益（譲渡益）を得た場合、〝20・315％〟の税率で税金がかかるため、「10万円×20・315％＝20315円」（税金）となり、受け取ることができる金額は約8万円ですが、NISAの場合には税金がかからないため10万円まるまる受け取ることができます。

「確かにNISAのほうがお得だ」と思われたでしょうが、ここでネックになるのがNISAが〝少額投資〟という投資額についての制限（上限）が設けられていることなのです。

一般ＮＩＳＡの場合は「年１２０万円を上限に、非課税期間は5年間」、つみたてＮＩＳＡの場合は「年40万円を上限に、非課税期間は20年」。つまり一般ＮＩＳＡでは「１２０万円×5年＝６００万円」までしか投資できない（枠がない）ということになります。5年を超えた場合、株で得た利益や配当には税がかかり、しかも年１２０万円までしか運用できない（買えない）、しかも一度売却したらその枠は二度と使うことができないという制限もあります。

この制限をどう捉えるかは人によって違うでしょうが、それなりの資金を株式投資で運用する一般的な投資家からすれば「物足りない」「使い勝手が悪い」と感じてしまう人も多いのではないでしょうか。実際に私もＮＩＳＡ口座も一部利用してはいるものの、年間を通しての運用金額はＮＩＳＡ枠ではとうてい収まらずに一般口座での売買を行っています。

いくら税金がかからないＮＩＳＡとはいえ、株式投資の実情に見合っていなければ利用価値は低くなります。しかも非課税期間が5年ということは、5年間で結果を出す（利益を上げる）必要があり、私のような中長期で保有して利益を求める中長期投資（特に長期投資の場合）をメインに運用している投資家には、期限が5年と定められているＮＩＳＡは利用するのをためらうケースが多々あります。投資に際して〝年１２０万円〟〝5年間〟と上限額や期間を制限されると、どうしてもその制限を意識してしまうことで、自身のスタイルを保ち、冷静に投資するという〝投資家メンタル〟に悪い影響があるからです。

以前、自著（『株はメンタルが9割』）でもご説明しましたが、株式投資で成功する（利益を得る）ためには「メンタルが非常に重要」です。そのメンタルにとって足枷となる条件（制限）があるNISAは、特に銘柄選定に慎重にならざるを得なかったのです。

今までのNISAのメリット・デメリット

メリット：〝NISA〟とは「少額投資非課税制度」で株式投資で得た利益に税金がかからない（非課税）。少額で資金運用する少額投資家にはメリットあり。

デメリット：「少額投資」が対象のため、通常取引をする一般の株式投資家には〝年120万円〟〝非課税期間は5年〟の制限が足枷になる。

『非課税期間が5年間と制限され、投資額上限が年120万円・トータル600万円と少額なので、一般投資家には使い勝手が悪い』

新NISAと旧NISAはどこが違う?

それでは今年からスタートした新NISAと、前項でご説明した旧NISA（※今までのNISA。現在も制度は継続中）の違いをまとめてみましょう。

「旧NISA」

・株やETF、REIT、投資信託を買える「一般NISA」と、投資信託やEFTの積み立てをする「つみたてNISA」に分かれており、併用はできない。

・一般NISAは非課税期間が「5年間」で年間投資枠は「120万円」まで。つみたてNISAは非課税期間が「20年間」で年間投資枠は「40万円」まで。

・NISA口座で保有している株や投資信託を売却しても、非課税投資枠は再利用できない（投資枠は増えない）。

「新NISA」

・「一般NISA」と「つみたてNISA」が併用可能となり、1年間の投資金額はトータル「360万円」まで。このうち「成長投資枠（一般ＮＩＳＡ）は２４０万円」まで。「つみたて投資枠（つみたてＮＩＳＡ）は１２０万円」まで。
・非課税期間は「無期限」。ただし、非課税保有枠は買い付け残高「１８００万円」まで。このうち成長投資枠は１２００万円まで。つみたて投資枠は非課税保有枠内なら限度額なし。
・新ＮＩＳＡ口座で保有している株や投資信託などを売却した場合、売却した翌年に非課税保有枠を再利用できる（投資枠が増える）。ただし年間投資枠は再利用できない（年間投資枠は増えない）。

新ＮＩＳＡは成長投資枠が今までの2倍に、しかも非課税期間は無期限

２つを比べてみると、かなり大きく内容が変わることがわかると思います。

一目でわかることは、新ＮＩＳＡのほうが投資枠といい、非課税期間といい、全体的に大幅に拡充されているということ。それは我々一般投資家にとって使い勝手がいい、利用するメリットが大幅に増加したということに他なりません。

しかもすでに旧ＮＩＳＡを利用している投資家も（旧ＮＩＳＡ口座で株等を保有している）、新ＮＩＳＡの投資枠とは別枠勘定です。つまり旧ＮＩＳＡで株を保有しているとしても、新ＮＩＳＡ投資枠はフルに活用でき、最大で１８００万円（うち成長投資枠はトータル１２００万円）まで非課税で運用できることになります。

この違いは投資家にとっては大きなメリットとなります。今までのＮＩＳＡでは年間で１２０万円までしか株を購入できなかったものが、２４０万円まで（成長投資枠）と投資枠が〝2倍〟になりました。これは買いたい銘柄を今までの〝2倍〟購入できるということになります。トータルでも「６００万円（１２０万円×5年間）」から「１２００万円（成長投資枠）」と2倍に増えました。これは単純計算で考えると、株価が値上がりした場合に得る利益も〝2倍〟になるわけです。

さらに投資枠が2倍に広がったことで、購入する銘柄も増やすことができます。たとえば今までの投資枠では1銘柄しか買えなかったものが、２銘柄、あるいは3銘柄と、買える銘柄数を増やすことも可能になります。

これは私の投資法の基本であり、自らも実践している〝分散投資〟にとっては大変重要なポイントです。

後述しますが、我々のような一般の素人投資家が株式投資で成功するには、１銘柄（あるいは少数銘柄）に資金を集中する〝集中投資〟より、何銘柄かに分けて投資する〝分散投資〟のほうが勝率がグッと高くなります。その分散投資にも新ＮＩＳＡは利用しやすくなりました。

そして我々一般投資家にとって最も大きなメリットは「非課税期間が無期限」になったこと。

旧ＮＩＳＡでは非課税期間が5年間と制限がありました。この5年間という期限は投資家心理に大きな影響を与えます。「5年の間に利益を出さないといけない」と、どうしても期限を意識してしまい、精神的に余裕のない、ある意味では追い込まれた状況で投資しなければいけない投資環境にありました。それは〝冷静に投資できない〟ということ。投資家メンタルにとって大きなマイナス要因でした。

しかし今回の新ＮＩＳＡは非課税期間が無期限ですから、「いつまでに株を売らなければいけない」というプレッシャーがありません。期間の制限がないのですから「そのうち値上がりすればいいや」ぐらいの余裕を持った落ち着いた精神状態で投資できますし、ゆっくり買い増ししていくこともできます。

その結果、少しの値下がりで動揺することもなくなり、買うタイミングも今までと比べて余裕を持って買うことができます。これは私の投資法の基本である〝中長期投資〟にも適した条件だといえます。

もう一つ大きなポイントが「売却した翌年に非課税保有枠を再利用できる」こと（年間投資枠は再利用不可）。

たとえば２００万円で買った保有銘柄を１株（１単位）売った場合、次の年には売った株の取得金額である〝２００万円〟の投資枠が復活（再利用）します。成長投資枠１２００万円のうち、それまでに１０００万円使っていて残り「２００万円」だったとすれば、そこから２００万円（買い値）の株を売却した場合には、その翌年から投資枠が「４００万円（残り２００万円＋売却分２００万円）」に増えるということです（２００万円分を再利用可、ただし年間の最大投資枠は３６０万円、うち成長投資枠240万円）。

今までのＮＩＳＡでは売却した分を再利用できませんでしたから、保有銘柄を売ったとしてもトータルで「600万円（5年間）」という投資枠は変わりませんでした。新ＮＩＳＡでは売却分の投資枠が復活することで、今までより戦略的に投資資金の運用が可能となります。

利益が出ている銘柄を売却して投資枠を空けることで、より有望な銘柄を新たに購入する（翌年以降）、銘柄の入れ替えができることで、今までより柔軟にポートフォリオを組めるようになります。これも一般投資家にとっては大きなメリットです。

新NISAと旧NISAの異なるポイント

「旧NISA」

・「一般NISA」と「つみたてNISA」の併用はできない。
・一般NISAの非課税期間「5年間」、つみたてNISAの非課税期間「20年間」、年間投資枠は「120万円」まで。トータル投資枠「600万円」まで。
・非課税投資枠は再利用できない。

「新NISA」

・「一般NISA」と「つみたてNISA」の併用可能
・年間投資枠「240万円」、トータル投資枠「1200万円」まで（成長投資枠）
・非課税保有枠の再利用可能（売却した翌年、年間最大360万円まで）
・非課税期間「無期限」

要点

『旧NISAと比べて投資枠（成長投資枠）が2倍、非課税期間が無期限の新NISAは一般投資家にとってメリット大』

知っておくべき新ＮＩＳＡの〝デメリット〟

ここまでに今年からスタートした新ＮＩＳＡと旧ＮＩＳＡの違いをご紹介しました。比較してみると一目瞭然ですが、新ＮＩＳＡのほうが圧倒的に我々一般投資家にとって使い勝手が良いことがわかります。

それでは新ＮＩＳＡは投資家にとって、どこを取ってもメリットだらけのバラ色の制度かというと、実は違います。実際にＮＩＳＡ口座で取引を始める前に知っておかなければいけない〝落とし穴〟があります。

ここでは、知っておくべき新ＮＩＳＡ投資のデメリットをご説明したいと思います。

非課税である分〝損益通算〟できず

新ＮＩＳＡは旧ＮＩＳＡと違い、今まで非課税期間が5年間と制限されていたものが「無期限」になったことはすでにご説明しました。つまり、旧ＮＩＳＡでは利益に税金をかからないようにするためには〝5年以内〟に保有銘柄を売る必要があったわけです。5年を超えて持ち越す場合には

「ロールオーバー（手続きが必要）」するか「一般口座に移管（自然に移管されるが課税対象となる）」のどちらかの手段を取る必要がありました。

その点、新ＮＩＳＡは非課税期間が無期限ですから保有銘柄をずっと持ち続けていて、たとえば10年後に利食いしたとしても利益に対して税金（20・315％）は一切かかりません。10万円の利益を出したとすれば〝10万円〟がそのまま口座に入るわけです。

ところがこの〝非課税〟という投資家にとって大きなメリットが、新ＮＩＳＡでは気をつけないとデメリットになることがあります。

それがＮＩＳＡにつきものの「損益通算ができない」というシステムです。

〝損益通算〟というのは、利益が出たものと損が出たものを合算して税金の計算をすること。たとえば一般口座でＡという銘柄を利食いして（売って）「20万円」の利益が出た。次にＮＩＳＡ口座でＢという銘柄を損切りして（売って）「10万円」の損が出たとします。この場合、どちらの取引も一般口座であれば「20万円（利益）－10万円（損益）＝10万円の利益」（損益通算）と利益を計上して「10万円に対しての税金」がかかることになります。

ところがＮＩＳＡ（新旧とも）の場合、利益に対して非課税で税を取らない分、損切りしたマイナス分を利益と相殺することができないシステムになっています。つまり前述の取引の例でいえば、20万円の利益（一般口座）と10万円の損（ＮＩＳＡ口座）を合算することができずに、一般口座の取引で得た利益の「20万円」にもろに課税されてしまうことになります。どちらの取引も一般口座であれば「10万円分の税」で済むところが、損切り銘柄がＮＩＳＡ口座であるがゆえに「20万円分」、つまり一般口座取引よりも「10万円」多く課税されることになってしまうのです。

これは新旧にかかわらずＮＩＳＡ口座のデメリットといっていいでしょう。この「損益通算はできない」という点はしっかりと押さえておく必要があります。

安易な損切りは要注意！

それでは、なぜこれが新ＮＩＳＡの〝落とし穴〟になるのでしょうか？

すでにご説明しましたが、新ＮＩＳＡの新たなメリットが「売却した翌年に非課税保有枠を再利用できる」ことです。たとえば取得金額２００万円の保有銘柄を売った場合、次の年には売った分の〝２００万円〟の投資枠が復活（再利用）して、投資枠が広がる、つまり株を買える資金の枠が増えるわけです。

ところがこれが新ＮＩＳＡを利用する際の〝罠〟になる可能性があります。

たとえば買った銘柄がマイナスしている場合（あるいはなかなか上がらない）、投資家心理としてはどうしても「もっと動きの良い（上がりそうな）銘柄と入れ替えたい」と考えてしまいがちです。

マイナス銘柄を抱え込んでいる状況で、もし有望銘柄を見つけたとしたらどうでしょうか？

新ＮＩＳＡでは旧ＮＩＳＡと違って〝空いた枠〟は翌年から再利用することで投資枠が広がりま

す。つまり枠が空く分、有望銘柄を仕込めるようになるのです。「だったら思い切って損切りして乗り換えよう」と考える人もいるでしょう。旧NISAでは保有銘柄を売却しても投資枠が復活しないため、「我慢して持ち続けるしかない」と売らずに保有し続けるはずの銘柄でも、新NISAのメリット（投資枠が増える）を利用したいがために我慢せずに売ってしまう、そういう投資家も出てくるでしょう。

ここで気をつけないといけないのが、すでにご説明したように一般口座であれば、利益が乗っている銘柄と損切り銘柄を相殺することでトータルの課税分を減らすことができますが、NISA口座での取引はそれができません。一般口座で得た利益と相殺しようにもできずに、へたに損切するとただマイナスを計上するだけになってしまいます。

そしてもう一点気をつけたいのが一般口座であれば、その年に出たマイナス分（損切り分）を計上することで3年間の〝繰越控除〟ができますが、NISA口座は繰越控除もできません。つまりNISA口座で出した損金は、どのような方式でも利益と相殺して利用する（課税分を減らす）ことができないので、ただただ損は損として扱われることになってしまうのです。これは投資家にとっては大きなデメリットとなります。

もちろん、銘柄によっては損切りしないといけない銘柄もあります。特に小型成長株にありがちな〝割高〟な銘柄はいったん成長が止まると容赦なく株価が下がってしまい、いくら待っても元の株価に戻らないケースも多く見られます。そのような場合には損益通算や繰越控除できなくても、思い切って損切りすることが必要です。「もったいない」と損切りのタイミングを逸しては、大きなマイナスを抱えて深い傷を追うことになってしまいかねません。

しかし有望銘柄（待っていれば上がる可能性あり）を「他の銘柄に乗り換えたい」という誘惑に負けて安易に損切りしてしまうのは投資行動としておすすめできません。損切りする際には「損切りすべき銘柄なのかどうか」をしっかりと見極めたうえで行う必要があるのです。少なくとも他の銘柄に目移りした程度の理由で損切りしてマイナスを計上するのはやめたほうがいいでしょう。

新ＮＩＳＡの変更点として挙げた「保有銘柄を売却して投資枠を空けることで、より有望な銘柄と入れ替えができ、今までより柔軟にポートフォリオを組めるようになる」という投資家にとってのメリットがデメリットにもなりうるのです。

「利益が出ている銘柄と一緒に損切りして税金を減らそう」などと安易に考えて、ついうっかり売ってしまった後に損益通算できないことに気づいて、「しまった！　売らなければ良かった」と後悔しないように十分に注意してください。

新ＮＩＳＡで投資を始めるにあたっては、こうした新ＮＩＳＡのデメリットについても頭に入れておくといいでしょう。

新NISAの落とし穴（デメリット）

・旧NISAと比べて〝売るメリット〟があるため（保有銘柄を売却した分の再利用、投資枠の復活が可能）、マイナス銘柄を損切りして空いた枠で有望銘柄と入れ替えたくなる

・損金は利益と〝損益通算〟できないうえに〝繰越控除〟できない

〈結果〉損が利益と相殺できずに税の還付がなされず〝タダの損〟になってしまう

要点

『新NISAで損切りするときには〝損切りすべき銘柄かどうか〟しっかり見極める』

新NISAは〝国策銘柄〟

株式投資をしていると様々なテーマの株に注目が集まります。その中でも、国が特に重点政策としている〝国策〟に関係している、いわゆる〝国策銘柄〟にはお金が流れ込みやすいという性質があります。減税または補助金という形でその業界のお金回りが良くなるので、業績が良くなりやすいからです。

俗に「国策に売りなし」という格言もあるように、国の政策に沿った関連銘柄は市場のテーマとして取り上げられることも多く、株価も値上がりしやすく人気になるケースが多く見られます。たとえば最近でいうと「防衛関連」「DX関連」「インバウンド関連」「半導体関連」……など、国が目標を掲げて政策で後押しする分野は〝国策銘柄〟といえるでしょう。

その意味では、今回の新NISAも国が政策で後押ししているのですから間違いなく〝国策〟です。国策ですからインパクトも大きく、すべての業界にプラスの影響が及びます。

税に関しては増やす一方で、減らすことなど露ほども頭にない国が重い腰を上げて「恒久非課税」に踏み切ったのですから、国としても新NISAで失敗するわけにはいきません。旧NISA口座数が「1290万口座」（2023年6月末現在）と、国民の10人に1人しか開設していない現状を打破するためにも、新NISAという国策で国民のお金を広く株式市場に呼び込もうとしているのです。

国策にはお金が流れ込んでくることを説明するため、新NISAよりも身近な「ふるさと納税」について考えてみましょう。

ふるさと納税は、自分が居住している地域ではなく、全国各地の地方自治体に住民税・所得税を納付し、そのお礼として各地の特産品を中心としたお土産がもらえる仕組みです。この仕組みが始まってからというもの、全国各地で誘致合戦が始まり、魅力的な返礼品を揃える自治体が増えてきました。競争が激化したので、一定の規制がかけられていますが、それでもタダでもらうことができるというのは魅力的です。

ふるさと納税という仕組みができたことにより、経済市場ができ上がりました。ふるさと納税に関係する上場企業もあるくらいですし、ある調査によれば市場規模は約2・4兆円と想定されています。ふるさと納税というおいしい仕組みがなければ、ここまで人はふるさと納税に熱心になったでしょうか。ふるさと納税をすることで、地域経済が活性化し、関連ビジネスが生まれました。政策がなければ絶対に発生しなかった需要なのです。

それと同じように、新NISAのスタートは新しい需要を作り出します。

〝非課税〟というメリットは、ふるさと納税でもらうことができる肉・魚・フルーツのように目に見えるものではありません。しかし、非課税がいかにありがたいことなのかが現実に体感できれば、これまで以上に株式投資を始める人が増えるのは間違いありません。

新ＮＩＳＡは〝新しいマーケット〟が登場したというくらいのインパクトがあるのです。

サラリーマン投資家は実質〝非課税〟に

これまでも個人の資産形成のためにＮＩＳＡは一定の役割を果たしてきましたが、新ＮＩＳＡは金額（投資枠）の違い、非課税期間の長さに込められた意図が違います。

社会保険料の増額、消費税増税等、実質的な手取りが減少し続けている状況で、これだけの大盤振る舞いを政府がする意味を考えて欲しいのです。

〝１８００万円〟（新ＮＩＳＡ投資枠）という投資金額は、普通に働いている人にとっては、株式投資に振り向けることができる金額としては十分でしょう。つまりそれは一部のお金持ちということではなく、これから一般サラリーマンが長期的に株式投資をしていく際には、非課税で投資することが当たり前になるということです。これは私を含めたサラリーマン兼業投資家にとってはこのうえない朗報です。

すでにご説明したように、サラリーマンが汗水たらして得た労働所得というのは、５割ぐらい持っていかれてしまうのです。そして、給与所得者として働いている以上、それに抗う方法がありません。

自営業者に比べて節税の手段が限られているサラリーマンにとっても、投資だけがここまで優遇、しかも最大1800万円の枠まで増やすことができるという意味を考えて欲しいのです。株式投資が非課税というのは〝金持ち優遇〟という批判にもかかわらず、です。

それは今後、国がアナタの面倒を見ない、足りない分は自分で増やすことで老後の生活を賄うしかないということを意味しています。

それが、今回スタートした新NISAという投資システムに込められた国からのメッセージなのです。

そうだとすれば、新NISAを利用しない手はありません。いえ、利用する人と利用しない人では経済的な格差が広がる一方でしょう。

新NISAをきっかけに、株式投資に足を踏み入れる人も多くなるでしょう。この先に何が起こるかわからない世の中で、ゆっくりとではありますが、投資に関するスキルを身につけることも次第に常識化していくはずです。

「国策に売りなし」

新NISAが国の政策で後押しされている〝国策〟である以上、株式投資で言う〝買い〟なのです。

国策としての新NISA

「国策」……国が目標を掲げて政策で後押しする分野

・「防衛関連」「DX関連」「インバウンド関連」「半導体関連」……など。

※国策に関連する銘柄「国策銘柄」➡市場テーマとなり、人気化しやすい➡株価アップ！

「新NISA」

・恒久非課税、投資枠拡大など、大盤振る舞いで国が後押しする「国策」

※一般サラリーマン投資家は事実上〝株式投資が非課税〟➡株式市場に資金流入

要点

『新NISAは〝国策〟。国策は買い！』

インフレ時代は株式が一番

アメリカをはじめ、世界各国は現在インフレ時代を迎えています。

バブル崩壊後の1990年代初頭から〝失われた30年〟と言われて、経済が低迷し、長いデフレ時代が続いていた日本もついにインフレ時代に突入しました。

インフレ時代の株式投資はデフレ時代の株式投資とは違います。

私が『株はメンタルが9割』を執筆した2021年当時はインフレではありませんでした。

その後、商品価格の高騰や円安が誰の目にも明らかになった2023年にはインフレが進んでいます。スーパーに行って買い物をしていると、特売商品は姿を消し、すべての物が高くなりつつあることを実感します。

最初は申し訳なさそうに値上げが進み、消費者の側も買い控えが見られたものの、値上げにつぐ値上げで、最近では淡々と来月から値上げという感じですし、消費者の側も値上げに慣れてきた感じがあります。デフレになる前の日本はこんな感じだったのだろうなと感じさせられます。

テレビショッピングを見ていても、これまでは最後の一押しに、さらに「いつまで値下げ！」という売り方でしたが、「来月から値上げするので、このお値段でご紹介できるのは今回限り」という形でクロージングするケースが目立ってきました。

容赦なく物価が上がっていく一方で、給料の伸びは追いついていません。給料は企業活動に遅行していく性質があるので、インフレが進んでいる中では物価の伸びに追いつきません。

それでは、このインフレに対応するにはどうすればいいかといえば、リスク資産を持つしかありません。〝リスク資産〟といえば、まず「不動産」が挙げられます。また、「金、絵画、高級時計」といった現物資産も値上がりしています。

そうした中、実は一番インフレに強いのは、株式です。

株式はインフレが続いていく中で資産を保全していくことができるのです。

我々はどうしても「資産を増やす」という意味で株式投資を捉えてきましたが、デフレではなくなりつつある今、「資産を維持するための株式投資」が必要なほどに、インフレが発生する可能性が現実化しているのです。

インフレ下では株価が上昇しやすい

これまで多くの国民は「物価（物の値段）は上がらないもの」と考えていました。ところがその考え方がこれからの時代は当てはまりません。

物の値段が上がることで、相対的に〝お金の価値〟が下がっていきます。

これは今まで1000円で買えていた商品が1200円に値上がりすることで、1000円では買えない、つまり〝1000円の価値〟が〝商品の価値〟に比べて下がったことからも実感できるでしょう。インフレ時代には知らず知らずのうちにお金がどんどん目減りしていってしまうのです。

IMF（国際通貨基金）は今年2024年の世界経済成長率見通しを引き上げる一方で、インフレ見通しも引き上げ、5・2％から5・8％へと上方修正しました。日本国内での物価上昇を見てもわかるように、数字に多少のブレはあるにせよ、今後しばらくはインフレ時代が続くことが予測されます。今までのように何もせずにお金を大事に抱えていても、手持ちの現金（預金やタンス預金なども）の実質的な値下がりは防ぐことができません。

そんなインフレ時代に強いのが株式投資です。実は、こうしたインフレ時代には株価が上昇しやすいといわれています。

それはなぜか。

インフレになり、物価（商品の値段）が上がることで、企業の売上（業績）がアップするため、それに応じて全体的には株価も上昇しやすくなるからです（もちろんすべての企業に当てはまるわけではありません）。

そこに登場したのが〝恒久非課税〟の新NISAです。株式の利益や配当に一切税金がかからず、かつ旧NISAでは期間制限があった〝5年間非課税〟（一般NISA）という縛りもなくなり、さらに保有銘柄を売った枠が翌年以降再利用できる。

■日本のインフレ率(CPI)

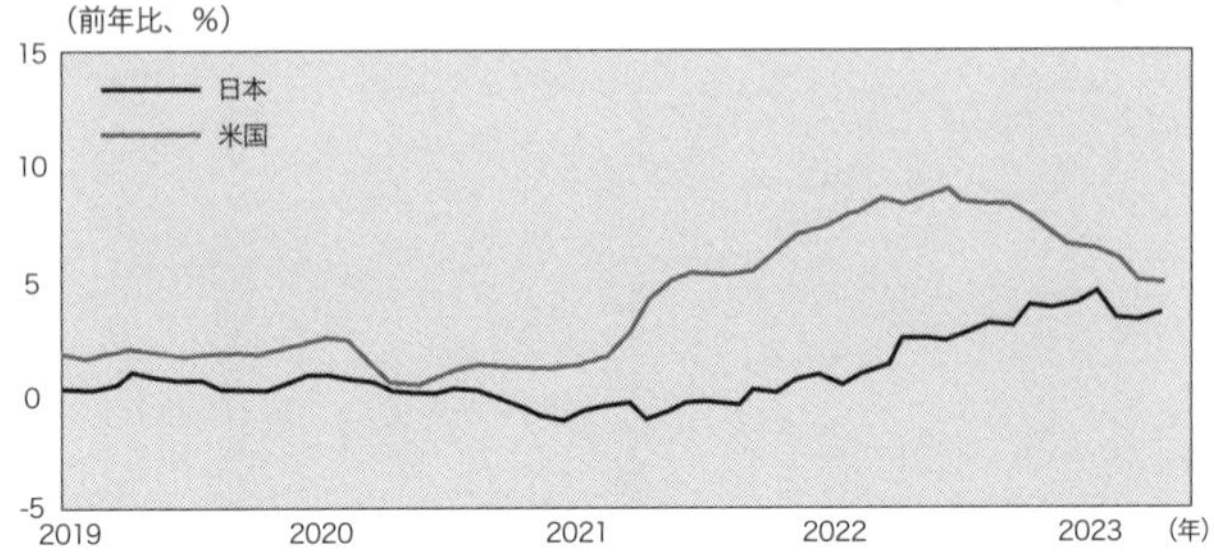

(注) エネルギー等含む総合指数。(資料) CEIC

日経平均株価チャート：2022年から日本のインフレ率が上昇し始め、少し遅れてインフレ率の上昇につれて、日経平均株価も2023年から上昇していることがわかる。

■日経平均株価チャート

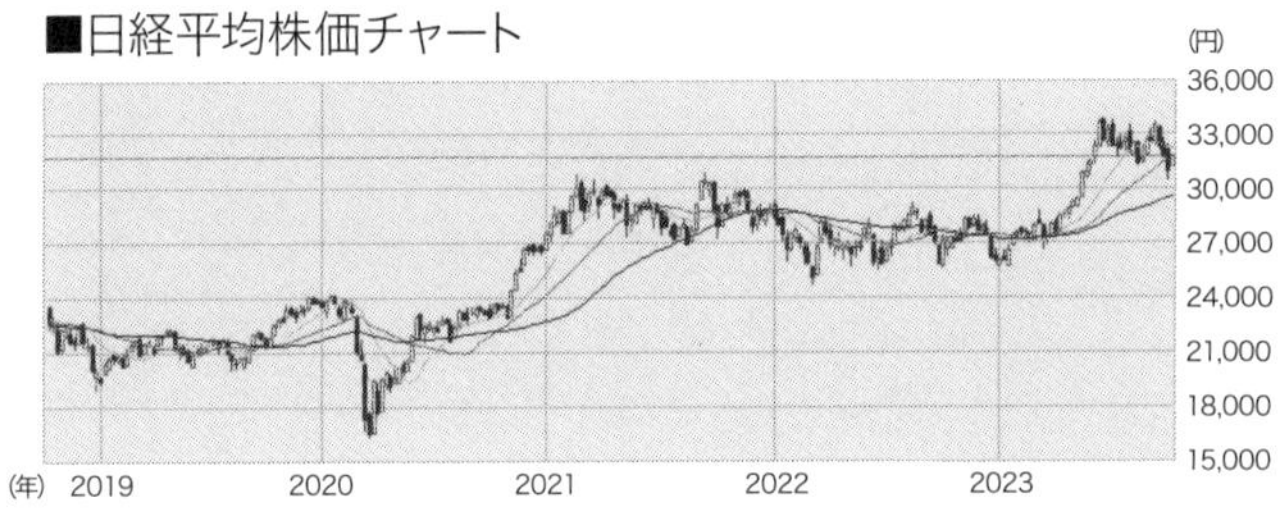

こんな投資家にとって有利な条件を利用しない手はありません。新ＮＩＳＡはまさにインフレ時代に登場した庶民の強い味方であり、私たちの資産を守る〝救世主〟といっても過言ではないのです。

インフレ（デフレ）時代と株価の関係性

インフレ（物の値段が上がる）
⬅
企業業績（売上）アップ
⬅
業績に連動して株価上昇傾向

デフレ（物の値段が下がる）
⬅
企業業績（売上）ダウン
⬅
業績に連動して株価下落傾向

要点

『インフレ時代を迎えた現在、株式投資（特に恒久非課税の新ＮＩＳＡ）は資産形成（保全）に最適な手段』

なぜ株式投資は怖いのか？

ここまでに現在のインフレ時代に株式投資、特に新ＮＩＳＡが資産形成にとっていかに重要かをご説明してきました。

ところが、どんなに株式投資の優位性をご説明しても、今まで投資をしたことがない人にはメンタルブロックがかかっています。何となく「インフレ時代には株式投資、それも新ＮＩＳＡをやったほうがいい」とは頭で理解しても、どこか「株式投資は怖い」という固定観念から二の足を踏んでしまいがちです。

その理由は「株式投資は元本が保証されていないから危険」というものです。

確かに株式投資というのは元本が保証されていません。投資した銘柄が値下がりすれば〝元本割れ〟になってしまいます。

「だから怖い」という気持ちもわかります。

では本当に株式投資は怖くて、投資せずに現金（お金）のままで保有しているのは怖くないのでしょうか？

元本保証なんてこの世の中には存在しない

実は現金も元本保証ではないのです。

何を言っているのかと思われるかもしれませんね。「はぁ、貯金してあるお金は引き出して使わない限り減らないじゃないか」と思う方もいるでしょう。いいえ、ほとんどの人が同じように思っているはずです。

確かに名目としては、手元の現金や銀行に預けたお金は減りません。でも、実はお金の価値は刻々と変化しています。他の資産との兼ね合いで動いているのです。

そもそも現代の紙幣の起源は、倉庫に保管してあった金の引換証です。その金は10年ほど前には1gあたり4000円でした。それが10年で1g約1万円です。実際に私自身が金の積立投資をしてきたのでよくわかるのですが、1万円で買える金のグラム数が減っています。1g2500円のときには、4gくらい買えたものが、今では1g買えるかどうかのところまで減ってしまいました。

為替も見てみましょう。

1ドルが100円のときに日本円を1万円（＝100ドル）持っていたとします。その後、為替レートが1ドル150円になったとすると、アナタがもっていた円資産の1万円はドルとの兼ね合いで66・66ドルに減っています。逆に1ドル50円になれば、ドル建てで計算すると200ドルに上がります。

普段私たちはお金、特に日本円を使って身のまわりのモノの価格を判断しているので、この考え方はしっくりこないかもしれません。ですが、すべては相対的な尺度で価値が決まります。つまりアナタの手持ちの現金（貯金）は相対的に常に価値が動いているのです。

この事実からもわかるように、元本保証がされているものなんて、この世の中には何もありません。金額が動かない、減らないということが安心という人が多いことは、日本人の家計を見れば明らかです。バブル崩壊後は株価が下がり、デフレ経済が続いたことから結果的に現金・銀行預金の形で資産を保有しているのが正解でした。

極端な例を出せば、今日１００円だったものが、１年後には80円、３年後には50円となるようなデフレ社会では、現金の価値が上がっていきます。デフレで物価が下がる、すなわちお金を持っているだけで、お金の価値が増え続けていく経済状態では、現金が一番だったのです。

しかし、皆さんが生活で実感しているように、コロナ禍を契機としてインフレ時代となりました。食料品は毎月のように値上がりするのはもちろん、ガソリンは値上がり、ガス・電気などの公共料金、バス・タクシーの料金も値上がりしています。今後は物価の値上がりに遅れて人件費も上昇してくるでしょう。

インフレが進めば進むほど現金や銀行預金は不利になってきます。繰り返しになりますが、額面は変わりませんが実質的にはお金の価値がどんどん減っていきます。

■長期推移　金価格

海外価格（US$/toz）／国内小売価格（¥/g）　月間平均価格

10年前（2013年）には1gあたり4000円（小売価格）だった金は、2023年7月現在では1g9000円に。その後1g10000円の大台をつけている。4000円で買えたものが10000円に。つまり金に対してお金の価値が2/5に下がっているということになる。

たとえば今後、毎年2%ずつ物価が上昇していくと仮定します。そのようなインフレ状態が続いた場合、現在の1000万円の価値は、20年後には実質的には〝672万円〟となってしまいます。なんと3割以上も資産価値が目減りしてしまうのです。

デフレ時代からインフレ時代に切り替わるタイミングで、これまで30年にわたって染みついてきた行動を変えるのは確かに難しいでしょう。ご年配の方は特に難しいところがあるかもしれません。

しかし、リスクを取れる現役世代で、現金を持ち続けることが果たして正解なのかは、よく考えたほうがいいのです。

繰り返しになりますが、たとえ現金といえども元本が保証されているものは、この世の中にはないのです。

現金保有のデメリット

手元の現金や銀行に預けたお金は減らないから安心できる

⬇

実は他の資産との兼ね合いでお金の価値は動いている

〈貴金属〉10年前には1gあたり4000円で買えた金が現在では1gあたり約1万円に

〈為替〉1ドル100円のときの1万円は「100ドル」、1ドル150円になると、約66・66ドルに

〈インフレ〉毎年2%ずつ物価が上昇していくと、現在の1000万円の価値は、20年後には実質的には〝672万円〟に

要点

『持っているだけでもお金は目減りする』

新NISAは配当金もピンハネされない

私もそうですが、会社勤めをしているサラリーマンは会社から支給される給与所得（給料）が生活の基盤となる収入源となっています。

しかしこの給与所得というのが実は大変厄介です。というのも、支払い明細を見ればわかりますが、会社から支払われる段階で、すでに様々な名目でかなりの金額が差し引かれているのです。大多数のサラリーマンはあまり気にすることなく毎月振り込まれる給料を受け取っているでしょうが、いざ給与明細に目を通してみれば、そこにはずらりと給与から控除されている名目が並び、もともと自分が稼いだ金額（給与）と実際に受け取る〝手取り〟の金額の差に驚かされることでしょう。

ここで簡単にご説明すると「給与所得」というのは、稼いだお金（給与）に対して様々な源泉徴収がされています。日本で給与所得者として働いている人は自分で納税手続きをしませんから、いかに多くの金額が「源泉徴収」の名のもとに抜かれているかがわかりません。

試しに今月もらった給与明細を見てください。「所得税」「住民税」「健康保険」「厚生年金」……といった名目で、給与からどれくらい引かれているかがわかるはずです。

会社に〝ピンハネ〟された残りを、さらに国・地方自治体が〝ピンハネ〟し、さんざんピンハネされた残りが〝手取り〟なのです。

その〝ピンハネ率〟は所得に応じて「50％〜70％」にもなります。たとえば年収1000万円ぐらいになると所得税の源泉徴収が上がっていきます。給料がいかに上がっても、70％取られるようになります（所得税33％、住民税10％、消費税10％、社会保険15％）。

「50％〜70％って、給料の半分以上もピンハネされてるの⁉」

初めてその事実を知った方は愕然とされたかもしれません。汗水垂らして一生懸命働いて稼いだお金の半分以上をもっていかれているのですから、これではいくら頑張って節約して地道に貯金しても、資産形成するのが難しいことがわかると思います。

しかもすでにご説明したように、現在はインフレ時代へと突入しています。一生懸命に貯金したお金の実質的な価値がどんどん目減りしていくのですから、何のために頑張って貯金しているのかわかりません。

そこでやはり資産形成の役に立つのが新NISAです。

新NISAのメリットを思い出してください。

「非課税期間が無期限（恒久的非課税）」

新NISA口座での株式取引はすべて非課税で税金を取られません。新NISA口座から得られるお金は〝ピンハネされる前〟の金額。つまり一切ピンハネされないということです。給与所得のピンハネ率〝50％〜70％〟と比べて、いかに有利かは一目瞭然です。

NISA口座からの配当金は給料3倍アップと同じ

そしてこの〝非課税〟ですが、株式の売却益のみならず、配当金も非課税で税金がかかりません。通常、上場株式の配当金には〝20・315％〟の税率で所得税および復興特別所得税、地方税がかかりますが、これらを引かれずに済むのです。

たとえば、Aという銘柄の配当金が「10万円」だった場合、一般口座では税金を引かれて「約8万円」しか手元に残らないところが、新NISA口座では「10万円」まるまる口座に残ります。

これを別の視点から見てみましょう。

たとえば500万円を新NISA口座に入金して、Bという銘柄を500万円分購入したとします。その銘柄の配当性向が4％、つまり株価（500万円）の4％の配当金をもらえるとします。配当金にかかる税金は非課税ですから、「500万円×4％＝20万円」の配当金をもらうことができます。

これを給与所得に当てはめてみるとどうでしょうか。

給与所得のピンハネ率が50％だとすれば、手取りで20万円もらおうとするなら倍の「40万円」を給料額面でもらわないといけません。さらにピンハネ率66％だとすれば、手取り金額20万円にするには「3倍の60万円」を給料額面でもらわないといけません。一言で言えば、「とんでもなく割が悪い」

としか言いようがありません。

その点、新NISA口座でもらう配当金は、20万円なら額面通り〝20万円〟きっちり入ります。

給与所得と比べて、どれだけ有利かわかるというものです。

新NISA口座で資産を増やしていく、または配当金でもらうというのは、様々な名目でピンハネされる給料の手取りでもらうお金の2倍~3倍稼いでいるのと同じことなのです。

就職先を選ぶのと同じくらい新NISAは大切

新卒でこれから就職先を探す人は、どの会社にしようかと考えるときに、当然ですが〝給料〟というのは大切な条件になります。今すでに働いている社会人でも「給料をもっとくれる待遇のところに移ってみようかな」と考えたりすることはあるかと思います。

人は誰しも豊かに暮らしたいと思うもの。「収入を増やして少しでもいい暮らしがしたい」と思うのは当然のことです。そしてこの「収入が増えるかどうか」は、これからは〝新NISAで投資をやるかやらないか〟でも違いが出てきます。

すでにご説明したように、私たちサラリーマンの給料は手元に来るまでに様々な名目で〝ピンハネ〟されています。給与明細の額面と手取りの額を比べてみればわかるように、手取りの金額を増やすためには、その倍以上の金額を額面で増やさないといけないことがわかります。何しろ汗水たらして稼いだ給料の半分以上を自動的にもっていかれてしまうのですから、いかに手取りを増やすのが大変かがわかります。

たとえば〝手取りで毎月10万円〟増やすとなると至難の業。ピンハネ率（源泉徴収率）50％〜70％から計算すると〝毎月20万円〜30万円〟増やさないと手取りで10万円増やすことができません。サラリーマンで毎月の給料を20万円〜30万円アップさせるとなると、よっぽどなことがない限り無理。ほぼ不可能と言っても過言ではありません。

しかし新ＮＩＳＡではどうでしょうか。新ＮＩＳＡの〝恒久非課税〟という仕組みに乗って、狙い目銘柄を絞ってコツコツ投資していけば、10年後に非課税の配当金を毎月10万円もらうような状況を作り上げるというのは難しいことではありません。

これは給料で言えば毎月30万円ぐらい増やすのと同じぐらいの価値があるということになります。毎月30万円ですから1年で３６０万円。しかも非課税ですから３６０万円まるまる手元に残ります。つまり年収で言えば〝３６０万円増やしていく〟という行動を取っているのと同じなのです。

とはいえ、新ＮＩＳＡであろうと株式や投資信託に投資することはリスク資産なので短期的には確かに上下に資産変動があります。株式投資である以上、そのリスクは避けられません。

しかし新ＮＩＳＡは旧ＮＩＳＡや一般口座と違って非課税期間が無期限です。目先の資産変動は気にせず、長期目線で資産形成を考えてください。

10年後に手取りを30万円増やす行動、それが新ＮＩＳＡでの投資なのです。

配当金も非課税のメリット

配当金（上場株式）には〝20・315％〟の税率で税金がかかる（所得税および復興特別所得税、地方税）

・配当金「10万円」⬇「約8万円」（約2万円引かれる）

新NISA口座の配当金は非課税

・配当金「10万円」⬇「10万円」（税金ナシ）

給与所得で「10万円」増やすには⬇額面で「20万円～30万円」増やす必要アリ

要点

『新NISA口座でもらう配当金は、給料の手取りでもらうお金の2倍～3倍稼いでいるのと同じ』

東証の市場改革も新NISAの追い風に

東証は市場改革を行い、これまでの東証一部を最上位とした市場区分から「プライム市場」を最上位とした市場区分に変更しました。長らく親しまれた「東証一部」というブランドを捨ててまで、新しいブランドに切り替えたのは、このままではアジアの証券市場の中で地盤沈下していくという東証、そして政府の危機感があったからでしょう。

これまでの東証上場企業は、上場することがステータスとなっていました。今でもその部分は大きく、上場した後に継続的に公募増資などで資金調達する会社は少数派であることからもわかる通り、上場しているというステータスが、企業活動を継続する中で様々な方面でプラスの影響があるからこそ上場しているのです。

しかし、かつて東証と大証で上場を競っていたことを遠因として、上場廃止基準が緩く設定されており、収益性が低くても一度、東証一部に上場してしまえば、その後も東証一部に居座ることができました。わかりやすく言えば、「いったん上場してしまえば安泰なので後はどうでもいい」という後ろ向きな姿勢の企業もあるということです。

この問題点を改善するため、東証は市場改革に取り組みだしました。

市場最上位であるプライム市場に上場している企業では、株式が市場に出回る流動性基準を「流動している株式が33％以上」「流動性時価総額が最低100億円」と厳しい条件に変更されました。

さらに、2023年3月に東証は、上場する低PBR企業に対して、収益性の改善を改めて要請しました。改善要請では「企業価値向上に向けた取り組み」が求められ、低PBR企業に対して「投資家の求めるリターンや株価に対する意識改革が必要」と指摘しました。

「PBR」とは「株価純資産倍率」のことで、「株価を1株あたり純資産」で割ったもの。その企業の純資産（総資産から負債を引いたもの＝返済する必要がない自分の資産）に対して株価が何倍になっているかを示すものです。つまり「PBR 1倍」というのは、株価と純資産が同額、「PBR1倍未満」の場合には企業の純資産よりも株価が割安な状態にあるといえます。

〝PBR1倍割れ銘柄〟とは、ざっくりと言ってしまうと「会社が所有している資産＝現金、不動産、土地、工場などの保有している資産」よりも、その会社の時価総額が安い状態です。たとえば換金すれば「100万円」になるものが、「50万円で売られている」という割安な状況なのです。

〝PBR1倍割れ〟銘柄は株価を上げる必要あり

東京市場に上場する〝PBR1倍割れ〟の銘柄は長らく放置されてきました。それはつまり収益性が上がっていなくても、上場企業として求められる水準を維持さえしていれば東証一部に残ることができたということです。

確かに企業活動で稼いだお金をただ単に現金に置いていくだけでは、事業が拡大していかないため、収益性は次第に悪くなっていきます。

たとえば1億円の資産があり、1億円稼いでいた会社が、毎年利益を積み上げて合計1億円を稼ぎ、資産が2億円となったとしましょう。資産が2億円になってからも、相変わらず稼ぎが1億円だったとすると、保有する資産から見た収益性は低くなり、〝稼げない会社〟になります。資産が増えても、その資産が成長のために使われず、ただ単に会社の資産として計上されている会社は収益性が低くなってしまうのです。

一部の会社は営業利益で稼いだお金をさらに成長のための投資に回すというサイクルで企業の経営をしていますが、そうではない会社が多いのは事実です。非上場企業であればそれでも問題はありません。ある程度の収益があれば、あとは事業を継続していくこと、同族企業として次世代に引き継いでいくことを最優先にするのであれば、収益性の優先度は下がるでしょう。

しかしこれからの時代は、上場企業に対してはこのような甘えは許されません。特に東証プライム市場では、成長性と収益性を共に維持するような会社のみが上場することを許される市場になっていきます。

それではPBR1倍割れ企業に求められる是正策はどのようなものが考えられるでしょうか。

一つは「純資産を減らす」こと。株価に対して純資産を減らすことで必然的にPBRはアップします。具体的な方法としては「余剰資金を自社株買いや増配に活用すること」が挙げられます。これは株主への利益還元となるため、投資家に好感されて株価が上昇するケースが見られます。

もう一つは「株価を上げる」こと。具体的には収益性アップなどの経営努力で企業価値向上を図ることで株価を上昇させることです。

いずれにしろ、ＰＢＲ１倍割れから脱却する改善策を講じることで、株価にとっては好材料となります。

東証は市場改革で東証一部からプライム市場に移行する際に、上場基準に満たない企業３００社近くを経過措置としてプライム市場に移行しました。この措置は２０２５年３月以降に順次終了する方針で、上場基準に満たない企業は早急に流動性基準、そして〝ＰＢＲ１倍以上〟を達成しないといけません。

ＰＢＲ１倍割れ銘柄への改善要請はジワジワと株式市場に規律をもたらしていきます。これは投資家にとって投資環境の好転につながります。さらにこのタイミングで新ＮＩＳＡが始まることで、資金流入が期待できますから、株式市場には願ってもないチャンスが巡ってきているのです。

東証改革「PBR1倍割れ銘柄の是正」

「PBR」＝「株価純資産倍率」

「株価」÷「1株あたり純資産」＝その企業の純資産（会社が所有している資産：現金、不動産、土地、工場など）に対して株価が何倍になっているかを示す。
※〝PBR1倍割れ銘柄〟「会社が所有している資産価値よりも、その会社の時価総額が安い状態」＝株価が割安

「PBR1倍割れ是正策」
・「余剰資金を自社株買いや増配に活用する」
・「株価を上げる」（収益性アップなどの経営努力で企業価値向上を図る）

『株価是正策を好感して資金流入することで新NISAにも追い風に』

非課税枠をフル活用せよ！

新ＮＩＳＡで大規模な非課税措置が用意された以上、お金持ちになるためにやることはとてもシンプルです。

「いかに非課税措置限度額まで資産を早く入れるか」に尽きます。

今までの旧ＮＩＳＡ投資枠「年間120万円、最大5年間で600万円」の非課税枠と比べて3倍に拡大された新ＮＩＳＡ投資枠「年間360万円（うち成長投資枠240万円）、最大非課税枠1800万円（うち成長投資枠1200万円）」をいかに利用することができるかで、お金持ちになれるか（資産形成できるか）は決まると言っても過言ではありません。

その理由はいたって簡単です。早く投資金額を増やすことができればできるほど、新ＮＩＳＡの〝複利効果〟で資産が雪だるま式に増えていくからです。

新ＮＩＳＡは最短5年で1800万円まで投資資金を増やすことが可能です。そうなれば、あとはアナタの代わりに、新ＮＩＳＡ口座にある資産がお金を稼いでくれるようになります。

たとえば、配当金3％の株式（投信含む）に投資する場合を考えてみましょう。

新ＮＩＳＡ口座で120万円分の株式を購入したとすれば、配当金は「120万円×3％＝3・

6万円」となり、3万6千円が口座に振り込まれます。

これが年間投資枠の「360万円」をフル活用したとすれば、配当金は「360万円×3％＝10・8万円」となり、3倍の10万8千円が口座に振り込まれます。

投資額の割合から見れば当たり前のことですが、「10万8千円」と「3万6千円」の差額は「7万2千円」にも上ります。1年でこれだけの差がつきます。これが投資枠をフルに使うかどうかの純然たる差となります。

もっと端的な例を挙げれば、最大投資枠の「1800万円」を使い切った場合と、「600万円」しか投資枠を利用できない（つまり投資資金が用意できない）場合の差を比べて見ましょう。

最大投資枠の「1800万円」で配当利回り3％の株式（投信）を購入した場合の配当金は「1800万円×3％＝54万円」。一方、「600万円」で配当利回り3％の株式（投信）を購入した場合には「600万円×3％＝18万円」。

なんと金額にして「36万円」もの差がついてしまいました。この差が毎年毎年積み上がっていくのですから資産格差は広がる一方です。

そして繰り返しになりますが新NISAは非課税期間が無期限、つまり新NISA口座で資産を運用している限り、配当金には生涯税金はかからないのです。資金を用意できる「お金持ちがよりお金持ちになる制度」、それが新NISAと言ってもいいでしょう。

新ＮＩＳＡの〝複利効果〟を最大限に利用する

そうとわかれば、早急に新ＮＩＳＡ用の投資資金を用意することです。資金に余裕がある人は早々に新ＮＩＳＡ口座に資金を移してタイミングを見て株式を購入する（あるいはつみたてＮＩＳＡを始める）ことです。

資金に余裕がない人は、とにかく自分ができることでお金を1円でも多く稼いで、新ＮＩＳＡの口座に入金し続けることです。現在では副業が自由にできる時代になりました。体に汗をかいて頑張るもよし、頭に汗をかいて頑張るもよし、です。

旧ＮＩＳＡでは「つみたてＮＩＳＡ」は時間がかかるものでした。枠は８００万円ありましたが、積立に20年かかるために、なかなか多額のお金を貯めるのに時間がかかりましたが、新ＮＩＳＡでは最短で１８００万円を5年間で積み立てることも可能です。

これまでのように20年間と期間が長いほうが拠出金額もインパクトがないので、少しずつ投資をするのが楽ということもあるでしょう。ですが大きく拠出できる人は、いちいち待たなくていいのです。新ＮＩＳＡのメリットをフル活用するのであれば、一括で資金を最初に投資に回してしまうというのも戦略の一つです。

特につみたてＮＩＳＡでの投資を考えている人は、どの投資先を選ぶか、手数料などの細かい点に時間を使っているのはもったいない。手数料が多少違おうが、新NISAのつみたて枠に選ばれた投資先は長期投資に適している基準をクリアしているものだけです。

「何を言っているんだ、コストが低い投資先を選ぶのが、投資で資産を増やすには当然だろう」という声が聞こえてきます。

手数料が低いものを投資で選ぶのは当然ですが、そこにこだわりすぎると、もっと大切な入金力という視点がおろそかになってしまいます。手数料と入金力（資金力）、どちらのほうが大切かと言えば、断然、入金力です。手数料の話はひとまず置いておくくらいでちょうどいいです。

年間手数料が0・1％の商品に毎月1万円入金できる人と、年間の手数料0・2％の商品に毎月10万円入金できる人、どちらがお金持ちに近いでしょうか？

もちろん手数料が安いに越したことはありませんが、毎月10万円入金できる人には複利効果で敵うはずもありません。新NISAで枠を使い切るまでは、新NISAへの入金力を高めることに集中すべきなのです。

〝非課税の旨味〟を実感するほど資産が増えていく

ここまでに、新NISAについてのメリット、株価に取ってプラスとなる理由について述べてきました。

これまで投資に触れたことがない人にとっては、まだ実感がないかもしれませんが、「投資を続けていくと資産が増えていく」、しかも「非課税資産が増えていく」という感覚を持つということがとても大事です。

ひとたび投資の複利で金額が増えていく感覚がわかると、次第に投資に対して確信するようになります。そうすると、一段と資産形成に身が入りますから、より資産を増やすことができます。

これまでの一般ＮＩＳＡでは非課税期間は5年間で毎年上限が１２０万円、合計６００万円の非課税枠、または、つみたてＮＩＳＡでは毎年40万円の積立で20年間の非課税期間があり、８００万円の上限がありました。旧ＮＩＳＡでは、つみたてＮＩＳＡは満額積み立てるのに20年という歳月がかかる制度ですし、金額も限られていたので本腰を入れてできなかった方もいるでしょう。しかし、新ＮＩＳＡは最短5年で１８００万円まで入れられることで、より本腰を入れて新ＮＩＳＡでの株式投資に取り組める環境が整いました。

新ＮＩＳＡでは〝非課税の旨味〟を、以前より感じることができます。その〝旨味〟を早く実感すればするほど、必然的にお金は貯まっていきます。そして非課税なので、複利効果でより弾みがついて上がっていくということになります。

迷っている暇はありません。迷っているくらいなら一歩、踏み出してみる。

さあ、アナタも新ＮＩＳＡ投資で、一日も早く資産形成してください。

新NISA口座で非課税を活用するメリット

新NISA口座で「配当利回り3％」の株式を購入した場合

「120万円分」購入⬇配当金「120万円×3％＝3・6万円」

・年間投資枠「360万円分」購入⬇配当金「360万円×3％＝10・8万円」

※差額は「7万2千円」となる。

・投資金「600万円分」購入⬇「600万円×3％＝18万円」

・最大投資枠「1800万円分」購入⬇「1800万円×3％＝54万円」

※差額は「36万円」となる。

『投資枠をフル活用することで、非課税枠の恩恵により年々、資産格差が拡大する』

第2章

2ndステップ
新NISA投資で勝つための“投資家脳”になる
～投資メンタル編～

この章では第１章で得た基礎的知識をもとに、新NISA口座で投資するにあたって必要な“投資家脳”になるための心構えや投資スタンスといった、投資家として成功するための“メンタル”についてご説明したいと思います。リスクが付き物の株式投資に欠かせないのは何よりも“ブレない心”です。株価の上げ下げに惑わされていては勝てる勝負も勝てません。投資家として成功するために、まずはしっかりとした投資メンタルを身につけましょう。

新NISAもメンタルが決め手！

新NISAが今年1月から始まり、日本人の個人投資家にとって資産形成の大チャンスがやってきました。しかし、これまでの一般口座での取引同様、投資する際にメンタルが大切なことは変わりません。いや、これまで以上に大切になったとも言えるでしょう。

自著『株はメンタルが9割』でも書きましたが、株式投資にあたってはメンタル（投資家心理）が非常に重要な要素になっています。

たとえばAという同じ銘柄を同じ株価で購入した場合でも、儲かる人と損する人がいるのはなぜでしょうか。

株価というのは常に上下に動いています。その銘柄がいかに良い銘柄であろうとも、一方通行で順調に値上がりしていくケースは非常に稀です。ときに投資家を振るい落とすかのように値下がりしたり、ほとんど値動きがない凪の状態に留まっていることもあります。いえ、株というものは値動きがあまりない、じりじりとした状況のほうが多く、順調に値上がりするケースのほうが少ないのです。

そうした凪の状態や値下がり局面で持っていられるかどうかは投資家のメンタルにかかっていま

す。その銘柄のファンダメンタルズ自体（業績、将来性など）に変化が生じているならばともかく、有望銘柄である確信を持っているならば、株価の揺さぶりに心まで揺れてしまっては勝てる投資家にはなれません。

株式の有名な名言に「株の利益は我慢料」という言葉がありますが、株価の動きに惑わされずに我慢して持ち続けられるかどうか、それはひとえにメンタルにかかっているのです。

私はよく「投資家脳」という言葉を使いますが、〝勝てる投資家脳〟になれるかどうかはメンタルがどうあるかにかかっています。

一般口座での投資はもちろんですが、新NISAではメンタルがさらに重要になります。今までのNISAの期間限定（5年間）の非課税枠と異なり、恒久的な非課税口座で投資しているのですから、有望銘柄を購入したら慌てずにじっくり構えて保有して利益を得ることが肝心です。

そのためには投資家として目先の動きに惑わされない、〝揺れないメンタル〟を持つことが大事なのです。

非課税枠をなるべく早く使い切るのが資産形成の近道

新NISA投資をするにあたって、メンタル面でもう一つ知っておくべき大事なことがあります。

それは「非課税枠をなるべく早く使い切る」ということです。

具体的にいうと、新ＮＩＳＡの非課税枠「成長投資枠１２００万円（つみ立て投資枠含めて１８００万円）」を、年間投資枠「３６０万円」まるまる使った最小期間の5年間で使い切ったほうが資産形成には有利に働くのです。

新ＮＩＳＡをきっかけに株式投資を始める人はもちろん、すでに株式投資を行っていた人の場合でも、これまでどんなスタンスで株式投資をしてきたにしても、新ＮＩＳＡ時代は18歳以上の成人に割り当てられた一人当たり非課税枠１８００万円分をなるべく早く使い切り、一生涯かけてなるべく長く新ＮＩＳＡ枠を使うという投資スタンスが有効です。

投資の世界に絶対はありませんが、課税枠と非課税枠で同じ金融商品に投資した場合には、非課税枠で投資したほうが絶対に有利です。株式や投資信託の売買益、保有中にもらえる配当金は、非課税のほうが確実に金額が多くなり、資産が増えるからです。

そして非課税口座の資産額が増えれば増えるほど違いは顕著になってきます。

たとえば資産額（投資資金）１８０万円と１８００万円では、同じ銘柄（インデックスファンド等も含め）を保有（購入）して受け取る配当金の額は10倍も違います。つまり非課税枠いっぱいの１８００万円を使い切ったほうが10倍の速さで資産が増えることになるのです。

これは一例にすぎませんが、非課税枠をフル活用したほうが資産形成にとって断然有利なことはわかると思います。

また、今までインデックスファンドの積立投資だけをしてきた方は、今までとさほど変化させる必要はありませんが、個別株を売買している人も、新NISAで非課税枠投資をするのであればインデックスファンドの積立もやったほうが当然有利になります。むしろ必須になってくると言ってもいいでしょう。成長投資枠をフルに使っても1200万円までですが、つみたて投資枠も利用すれば1800万円まで投資できるのですから、この600万円の差は資産形成に大きな差となります。

これらの点を意識して、新NISAの非課税枠をうまく使えば、これまで以上に資産形成のスピードが上がります。一方、非課税枠の意味を考えずに、今まで通りのトレードでその枠を消費してしまったら何の意味もありません。

非課税口座をできるだけ有効活用するというメンタル（意識）を持てば、自然と取るべき戦略も定まってきます。新NISA非課税口座内に資産が増えるほど、「非課税枠で投資をすると資産形成というゴールに着実に近づくことができる」という強い信念が育ってきます。そうなれば半分、資産運用の目的は達成したようなものです。資産が増えてくれれば、複利と追加入金で資産額が増えることがわかるので迷いがなくなります。

もちろん、買い方や売り方、銘柄の選定、目標設定など個別の場面で考えることはありますが、大前提として「非課税枠は早く使い切ることが資産形成の早道」という意識で株式投資をしていきましょう。

新ＮＩＳＡで勝つための投資メンタル

目先の株価の動きに惑わされず、慌てずにじっくり構えて保有
⬇恒久非課税のメリットを活かす（長期保有可能）

非課税枠を早く使い切る（最小５年）
⬇複利（配当金など）＋追加入金で資産運用額が増えると資産形成に有利

※新ＮＩＳＡ非課税口座内に資産が増えるほど、「非課税枠で投資をすると資産形成というゴールに着実に近づくことができる」という強い信念が育つ

『非課税枠を早く使い切ることが資産形成の近道』

ゲーム感覚で投資せよ！

株式投資を行う際に、どういう投資家が最も株式投資に適しているでしょうか？

企業情報や株式情報などに詳しい投資家、資金力豊富な投資家、テクニカル分析に優れた投資家、自分流の投資スタイルが確立している投資家……どれも投資家としては優れていると言えるでしょう。

しかし私の考える最強の投資家は違います。特に個人投資家の場合、「ゲーム感覚で投資できる」投資家が最強の投資家だと思います。

海外でカジノに行ったことがある方はおわかりの通り、カジノではお金をコインに交換してプレーします。カジノのコインを使って遊んでいると現金をベットしているという感覚がなくなり、ゲームのような感覚でルーレット、スロット、バカラなどをプレーします。熱くなって勝負をする人も、どこか現金とは違うモノを賭けているような錯覚にとらわれます。実際には本物のお金のやり取りをしているのですが、それがいったんコインに姿を変えただけで、どこか現実味がなくなり、単なるゲームのように感じられるから不思議です。

仮にコインを使わずに現ナマの札束をやり取りして、ブラックジャックのテーブルに現金を積み上げていたら、通常の感覚で冷静に勝負できるでしょうか？

おそらく私を含めてほとんどの人が、現金の額に惑わされてしまうでしょう。「この勝負に負けて大損したらどうしよう……」などとビビッて冷静に判断ができず、結局負けてしまうか、怖くなって途中でやめてしまう人が大半だと思います。それだけ〝お金〟というのは大事で、人はお金に感情を持ち込んでしまうものなのでしょう。

株式投資に投じているお金は〝ゲームの通貨〟と考える

株式投資でも同じことが言えます。株式投資もカジノ同様に大切な自分のお金を投じることに変わりはないのですが、株式投資の場合はカジノと比べると〝お金〟という現実的な意識が強いように思えます。

現実的な〝お金〟という感覚を持って株式投資すると、どうしても〝お金〟という面に感情移入してしまうことで、冷静な投資判断ができなくなってしまいがちです。それでもまだ投資金額が数十万円、数百万円ぐらいの水準であれば、時間をかければ自分が稼ぐことができる金額ということもあり、ある程度冷静に投資できますが、これがいざ数千万のケタになってきたらとても冷静には投資できません。

たとえば新ＮＩＳＡで夫婦そろって投資を続けて、２人合わせて新ＮＩＳＡ非課税枠上限である３６００万円（２人分）まで資産（投資資金）が増えたとしたら、１％株価が動いただけで36万円も上下します。これが毎日だとしたらとても冷静にはいられないでしょう。

さらに投資を続けていれば、何百万円の利益確定や損切りをすることもあるでしょう。そのときに、いちいち「給料6か月分の利益確定」とか「給料1年分の損切り」なんて考えていたら身が持ちません。あまりの金額の大きさに投資が怖くなってしまいます。現実的な〝お金〟と意識すればするほど、投資に及び腰になって、非課税枠を全部使わずにある水準で投資金額をセーブするようになってしまいます。

すでにご説明したように、新ＮＩＳＡでは投資枠はフル活用したほうが、非課税効果により資産形成には有利に働きます。投資金額をセーブしては非課税という個人投資家にとって最大のメリットが宝の持ち腐れとなってしまうのです。

株式投資で運用するお金はゲームのコイン、カジノのコインと考えて投資するぐらいがちょうどいいのです。ゲームのコインの感覚を持たないと冷静に投資することができなくなります。

資金が大きくなればなるほど、株式投資に投じているお金は、ただの〝ゲームの通貨〟と考えたほうが投資は上手くいくのです。あまりお金に感情を持ち込んでしまうと投資はうまくいきません。投資で成功している人は投資しているお金を株式投資という〝ゲームの通貨〟と捉えている人が多いのです。

だからといって〝ゲームの通貨〟だからと熱くなって、ついつい投資しすぎてしまい大損することがないように、冷静な気持ちも併せ持つことが大切なのは言うまでもありません。

ゲーム感覚でする株式投資

現実的な〝お金〟という感覚で株式投資

⬇

〝お金〟に感情移入することで冷静な投資判断ができない

夫婦で新NISA非課税枠上限3600万円（2人分）までフル投資した場合

1％株価が動いただけで「36万円」も上下

⬇

金額の大きさに怖くなる

⬇

投資資金をセーブして非課税枠を使い切れず

要点

『株式投資で運用するお金はゲームのコイン、カジノのコインと考えて投資するぐらいがちょうどいい』

資金の余裕は心の余裕

「岡目八目」という言葉があります。これは囲碁から出た言葉で、碁を脇から見ていると、実際に打っている人よりも、八目先まで手を読むことができるという意味で、物事は当事者よりも第三者のほうが冷静に正しく判断できることを表しています。

株式投資にも同じことが言えます。株式市場を外から見ていると、たとえ市場が暴落の最中でも冷静でいられます。「まあ、どこまで下がるんだろうね」ぐらいの気持です。

ところが実際に投資していると、そんな冷静な気持ちではいられません。暴落時には毎日、何万、何十万というお金がみるみる間に減っていきます。そうした状況を見るのは精神衛生上よろしくありません。いつかはショックが終わり、株価が回復していくことはわかっていますが（そういう気持ちでないと株式投資なんてやっていられません）、それでも急減していくのを見るのは辛いものです。

こうしたときに投資で大切なのは余剰資金を持つことです。「まだ買うことができるけれども買わない。もう少し様子を見ていよう」という、まるで囲碁の岡目八目のような余裕のある精神状態で市場を見ていられることが、株式投資では優位な立場に立てることになります。

下がったときに「どこで買ってやろうか、もっと下がって結構」と待ち構えている人と、「お願いだからこれ以上下げないでくれ」と泣きが入っている人では、同じ銘柄を見て、同じ情報を得ていても判断がまったく変わってしまいます。

株式投資では「祈るようになったら終わり」と言われますが、それはつまり〝打つ手がない〟ということ。常に打つ手がある、具体的にいえば〝追加で購入できる余剰資金を常に持っておく〟ことが大事なのです。

特に新ＮＩＳＡでは、限られた大事な枠を使って購入するのですから余剰資金が重要になります。株式投資のチャンスは、株価下落という〝ピンチ〟の形でやってきます。冷静に見ればチャンスのタイミングでも、心に余裕がなければチャンスとは思えません。そのためには常に余剰資金を用意しておくことです。

追加購入資金と年間投資枠を常に用意しておく

株式投資を継続していく以上、〝含み損〟は避けては通れません。将来的には値上がりする株でも、短期的な期間で見てしまうと、どうしても自分の買値より下回る場面が出てきてしまうものです。そう都合良くは買ってからすぐに値上がりする株はないのですから、株価の下落は避けては通れないのです。

将来的には値上がりする銘柄でも、株価は常に上下動を繰り返していることから下落は避けて通れないとすれば、株価の下落局面においてどのように対処すべきでしょうか。

下落局面ではどうしてもメンタルが激しく動揺しますので、事前に対処法をわきまえておけば動揺を鎮め、冷静なメンタルでいられます。下落局面を最初から想定して「下がった場面でどうするのか？」という心構えをしておくことが、勝てる投資家脳にチェンジするためには大切なのです。

具体的な対処法としては、ひとつの銘柄の購入を数回に渡って分割して行うことで、下げ局面でも投資できる（買い増し）できるようにすることです。キャッシュポジション（余剰資金）をある程度持っておいて、その範囲内で追加投資できるようにします。

新ＮＩＳＡでは、年間投資枠（成長投資枠２４０万円）が決まっています。いつ買いのタイミングが来てもいいように、常に年間投資枠分の余剰資金（軍資金）は口座に入れておき、常に準備しておくことが望ましいでしょう。

すでに買った銘柄でも購入後に、ある程度株価が値下がりすることは想定範囲内と受け入れつつ、一定の現金を保有しておくことで、株価が下落したときに備えることができます。

何が起きるかわからないのが株式相場です。コロナショックのような予想外の状況が発生したときに、余剰資金がない（あるいは投資枠を全部使ってしまった）ようでは持ち株がどんどん値下がりするのを身動きできずに見ているだけ。気持ちが焦るばかりでメンタルがやられてしまいます。

誰しも持ち株が下がるのは辛いものです。実際に資産が削られていくのですから、気が気ではありません。それは新ＮＩＳＡでも同じこと。しかし、そこで資金がある（投資枠がある）のとないのでは大違いです。

もしもまだ買っていない有望銘柄があるとすれば、その銘柄が値下がりしたとすれば安い値段で仕込む大チャンスです。つまり株価が下がるというのは〝儲かるチャンス〟なのです。そこで追加購入資金や投資枠がないのではみすみすチャンスを棒に振ることになってしまいます。

ここで大切なのが、先ほどお話したように〝現金（投資資金）〟を保有しているかどうか。保有している、保有していないで、投資家のメンタルはまったく異なります。

現金をある程度保有している状況で、想定していた下落局面を迎えた場合には、「下がってきたところで買ってやろう」「どこで買おうか」という気持ちで待ち構えることができます。バーゲンセールで欲しい商品を虎視眈々と狙うバーゲンハンターの気分でいられます。

一方、現金に余裕がない場合は、下がっていく局面でなすすべがありません。

不思議なもので「お金の余裕は気持ちの余裕」につながります。現金を持っていることが冷静な気持ちを生み出すのです。平常心を持って取引するためにも一定の現金を保有しておくことが大切です。

新ＮＩＳＡでは年間投資枠が３６０万円（うち成長投資枠２４０万円）と上限が決められていますから、手持ち資金（余剰資金）と併せて、手持ちの投資枠（空き投資枠）も確保しておくことが大事です。仕込もうと狙っていた銘柄が値下がりしたときに、いざ購入しようとしたら資金はあるものの、肝心の投資枠がないのでは仕込みたくても仕込めません。たとえば春先の３月までに全部の枠を使ってしまっては、残りの4月以降は何もできずにただ手をこまねいて見ているほかないのです。

株が調整局面（下落）に入ったときに買おうと思っている人は「チャンスが来た」という気持ちで相場を眺めていますから心理的には安定していますが、目一杯購入してしまった人は何する術もなく、もはや祈るしかありません。積極的に手を打てずに放置するしかないのです。

株価は年末に上がりやすくなる？

新NISAで積立ではない個別株投資をする場合には、枠の問題が出てきます。年間を通して新NISAの個別枠（成長投資枠）は最大240万円です。これまでの一般NISAでは120万円でしたから、最大で倍の枠が使えるようになります。

この枠を年間を通じてどこかで投資しないと、翌年以降に繰り越すことはできません。その年の枠を再び利用できるのは、すべての枠（1800万円、うち成長投資枠1200万円）を使い切った後、数年後に余った枠が再び使えるようになります。すなわち年間投資枠を使い切らないのはもったいないという話になります。

では積立投資でいけばいいではないかということになりますが、積立投資は年間120万円までしか認められていませんので、早く資産を株式に回したい人にとっては、やはり1年間の成長投資枠240万円を使い切らないといけません。つまり12月中には期限切れということになります。

年間を通して慎重に買うタイミングを見計らっている人も、12月が接近するにつれて買わなければならないので、多少自分が狙っていた株価水準でなくても購入していくかもしれません。

これは投資テクニック的な要素でもありますが、そうなるとこれからは新NISAの枠を意識して購入する人が増えることも予想できるため、年末12月は新NISA需要で株高となるかもしれません。

だとすれば、年末需要を避けて少し前倒しで年間枠を使い切る（買う）のも一つの手法となります。何も12月の期限切れぎりぎりまで購入を待つ必要はありません。安く買って高く売るのが株の基本方程式であるならば、他の人が買って高くなる前に買うほうが理にかなっています。

こうした新NISAの制度上の制約から生まれる〝買いニーズ〟があることは頭に入れて投資をしていきたいものです。

余剰資金と投資枠の確保

余剰資金と投資枠がない
⬅
下落局面でなすすべナシ
⬅
打つ手なしで見ているだけ
⬅
心の余裕ナシ

余剰資金と投資枠を保有
⬅
下落局面でも余裕を持って構えられる
⬅
追加購入可能
⬅
心の余裕アリ

※年間投資枠は早々に使い切らないように気をつける

要点
『資金の余裕は心の余裕、資金枠と投資枠は常に用意しておくこと』

暴落こそがチャンス！

株式投資でつき合わないといけないのが、市場の下落局面です。中でも市場が激しく下落する暴落は株式市場にはつきものです。株価が上がっているときには一日に何度も株価を見たくなるものですが、暴落しているときは見たくなくなるものです。

株価は通常であれば、その企業（銘柄）の収益性や成長性から見て、買い方と売り方の価格バランスが取れている位置でおおむね株価が推移しています。しかし、経済にマイナスとなるショックが発生したときには、一時的にその需給バランスが崩れます。恐怖心に負けて安値で手放してしまう投資家や、現金を確保したいという売り手の勢いが強くなるので、取引が成立する価格（株価）が安くなります。

こうしたショック安による市場全体の暴落時には、個々の銘柄の事情より市場全体の事情が優先しますから、たとえどんなに業績のいい銘柄だろうとどの銘柄も一斉に売り込まれてしまいます。

たとえば近いところでいうと、2020年3月から世界市場を襲った新型コロナショックによる大暴落が挙げられます。米国市場をはじめとする世界市場は大暴落。日本市場も連日の大暴落で下げ止まる気配も見せず、まるで底なし沼に飛び込んだような恐怖に陥った投資家がほとんどでしょう。あまりの恐怖に耐えきれずに持ち株を売り飛ばして損切り。しかし、結果的にはそこが大底で下げ止まり、その後の上昇局面では「またいつ下げるか」という恐怖感から手が出せずに、売ってしまった株の値上がりをただただ悔しい思いで見ているだけ。そんな方も多かったのではないでしょうか。

結果的に見ると、コロナショック大暴落で売っていない、あるいは買っていれば、その後の株価上昇で利益になっていたのです。

コロナショックによる大暴落は極端な例としても、株式市場では〝1年に数回〟は「調整」という名の下落局面が来るものです。そして〝5年に1回〟程度の割合で、いわゆる「○○ショック」と呼ばれるような大きな暴落が襲ってきます。どうやらそれが相場のリズムのようで、振り返ってみればおおむね〝1年に数回の調整〟〝5年に1回の暴落〟が来ているのです。

リスクの裏のチャンスに目を向ける

では、〝暴落〟という投資家にとって恐怖イベントに遭遇したときにどうすればいいでしょうか？

普通なら「暴落は危険」と捉えますが、逆に「暴落は大チャンス」として捉えるのです。このメンタルの切り替えが重要です。

コロナショックは歴史的な大暴落にしても、ほぼ毎年、1年に数回は必ず〝調整〟という名の下落局面があります。そこで〝下げの恐怖〟に負けてしまっては、いつまで経っても株で資産は築けません。恐怖心はいったん置いておいて状況を冷静に分析してみることです。どんな大暴落でも株というのはいつか底を打つものです。それは今までの歴史が証明しています。

暴落の最中は〝この世の終わり〟のようなニュースばかり溢れて、そちらにばかり目が行ってしまいますが、冷静に見ればいつか暴落も終わって、底打ちした後は反転上昇するものです。それは〝リーマンショック〟〝コロナショック〟など、今までの歴史が証明しています。

〝暴落〟という目先のリスクだけを見てはいけません。リスクの裏にあるチャンスに目を向けてください。〝リスクの裏にチャンスあり〟です。

不思議なもので株式というのは「上がると買いたくなり」「下がると買いたくなくなる」ものです。狙っている銘柄の株価が上昇し始めると「このままどんどん上がってしまうんじゃないか」「買えなくなったらどうしよう」と不安になり、つい高い値段で買ってしまう。逆に株価が下がると「このままどんどん下がるんじゃないか」と怖くなって買えなくなる。それが一般的な投資家心理です。

これがたとえば狙っていたブランド品の洋服などの商品だとどうでしょうか？　値段が高いときには「もう少し安くなるまで我慢しよう」と思い、もしバーゲンセールなどで値段が下がることがあれば喜んで買うでしょう。ところが株式だとまったく逆の行動を取ってしまうのです。

株式も一つの〝商品〟と考えれば、取る行動は一緒のはずです。いい銘柄が安くなれば買い、高いときには安くなるまで待つ。

そう考えれば暴落は株式にとっての〝バーゲンセール〟。喜んで買っていいはずです。暴落（下落）は怖がって〝売る〟のではなく、チャンスと捉えて〝買う〟のです。

暴落時こそ新NISAの強みを活かせ

株価が市場要因（経済的外部要因など）で一斉に売られる暴落時こそ、新NISAの出番です。株価がショック安で下がっている場面でこそ、安い値段で仕入れて（購入）じっと値上がりするのを待っていればいいのです。

好都合なことに新NISAは非課税期間無期限。旧NISAのように「5年以内に売らなければ」などと保有期間を気にする必要がないのですから、じっくり持って値上がりを待つスタンスでいいのです。

業績の良い銘柄に狙いを絞って、全体安につられて株価が値下がりしているところを仕込めば、安心してじっくり保有することができます。往々にして、業績のしっかりした銘柄は、暴落が落ち着き市場が安定を取り戻すと元の値段に戻るのも早いものです。買い値を上回って利益（含み益）が出れば、より余裕を持って保有することができます。1年先……いえ、2年、3年、5年先を見据えた長期投資であれば、値下がりしているときに買えば、あとで何倍にもなって返ってきます。

暴落時は〝株のバーゲンセール〟の真っ最中です。お買い得になった良い株を安く買ってしっか

■日経平均株価チャート

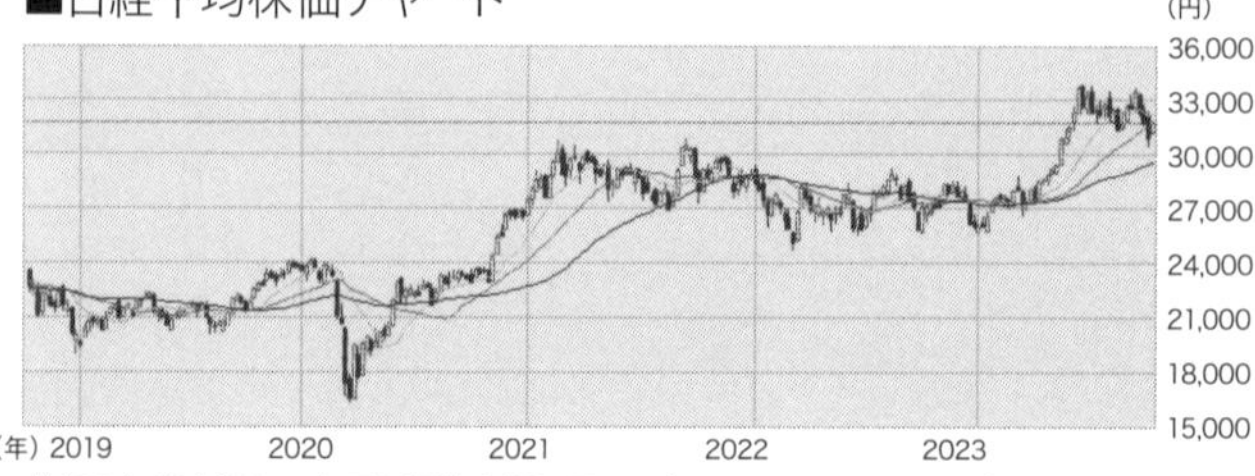

株価は年間を通して上昇と調整を繰り返して上下している。2020年のコロナショックのように暴落しても時間が経つと再び株価上昇に転じていることがわかる。

■「オリエンタルランド」のチャート

オリエンタルランドのように業績のしっかりしている配当銘柄は急落しても再上昇し、10年を通して見れば"右肩上がり"で株価が上昇している。安い場面で買えば利益が出ることがわかる。

り儲けるチャンスです。暴落時や急落時のように市場に恐怖心が広がって、みんな売りたいときこそ儲けるチャンス。そう考えれば〝買えるメンタル〟になるはずです。

そして暴落時のような下落局面で投資できる個人投資家は強いのです。機関投資家のように年間の時間軸に捉われることがありませんから、新NISAで買ってじっくりと回復を待つことができます。じっくり待って大きく増やしましょう。

そうしたチャンス場面を逃さないように、新NISA枠でいつでも買えるように資金に余裕を持たせておきましょう。いつでも暴落時に悠然と買いを入れることができるようなキャッシュポジションをある程度作っておきたいものです。

暴落はチャンス！

年に数回は下落、5年に1回程度は暴落があるのが市場のリズム

⬇

〝暴落は怖い〟ではなく〝暴落はチャンス〟と切り替える

暴落こそ新NISAの出番

⬇

期間を気にせず保有できるのが強み

※暴落はバーゲンセール＝いい銘柄を安く買うチャンス

要点

『暴落は仕込みの大チャンス！　安い値段で買ってじっくり持って大きく増やす』

短期で狙うな！　新ＮＩＳＡは中長期投資が基本

株価は最終的にはその企業の業績に収斂されていきます。わかりやすく簡単にいえば、その企業の業績が上昇し続けていけば、それに伴い株価も上昇していくことになります。

とはいえ、それは長期的な株価の動向であり、短期的な株価の変動というのは需給で決まります。いくら業績が良くても需要と供給の関係で〝売りたい人〟が多ければ、必然的に株価は下げてしまいます。

そして、その需給は大口資金を持っている投資家の動向で決まってくるのです。つまり短期的な株価の動きは、機関投資家などの大口投資家の動向に左右されるということです。しかも今やトレーダーが取引をしているのではなく、ＡＩがアルゴリズムを考え、１秒に何百回、何千回という注文を出しながら相場の方向性を決めています。

そうした状況では、情報量、システムが貧弱な個人投資家は勝つのが大変です。また、個人投資家の中でも資金が多く、幾多の上昇相場・下落相場をくぐり抜けてきた経験豊かなセミプロ投資家もたくさん短期投資市場には参加しています。ということは、短期投資は相対的にレベルの高い投資家が集まっている市場ということになります。

株式投資は自分のスマホやパソコンで注文を出すことで完結しますから、取引の相手方が見えません。でも、実は短期投資とは、自分と同じテーブルに自分より高い実力者が座っているポーカーや麻雀のテーブルと同じなのです。

もし、その状況が見えていたら、あえて自分よりも実力が高い人と勝負するでしょうか？

短期投資は誰かが勝てばその分誰かが負けるゼロサムゲームですので、プロやセミプロ相手に、私を含めたサラリーマン兼業投資家が戦いを挑んだとしても勝てる確率は極めて低いと言わざるを得ません。

そんな百戦錬磨の手練れたちが戦う、短期投資という戦場にあえて進んで乗り込むことはありません。新ＮＩＳＡをきっかけにこれから株式投資を始めようという初心者の方や、株式投資経験の浅い投資家が、経験も資金も豊富な投資家たちと同じテーブルで勝負する必要はありません。

勝負事は勝てる可能性のある相手と戦うのが必勝法です。自分が勝ちやすいテーブルに座って勝負したほうがいいのです。

高度なテクニックは必要なし、最初の銘柄選びをしっかりと

その〝自分が勝ちやすいテーブル〟が投資の世界では「中長期投資」です。デイトレやスイングトレードといった短期トレードではなく、年単位（少なくとも数カ月スパン）で勝負する中長期投

資であれば、短期的な株価の変動はあっても、長期的に収益性の高い銘柄の株価は上昇していきます。

好都合なことに新ＮＩＳＡは恒久的に非課税という措置がとられています。上限１８００万円で、売買益や配当金が無期限で非課税という新ＮＩＳＡは個人投資家のみに許されたアドバンテージです。非課税枠を最大に使って投資することで、確実に有利な状況で投資することができます。

先ほど「株価はその企業の収益に収斂する」とご説明しましたが、つまり〝利益（業績）が上がれば株価も上がる〟という株価形成の原理原則に従うならば、企業の成長（業績の伸長）とともに企業の価値も上がり、それに合わせて株価は値上がりしていくはずです。

この原則に従うならば、チャート分析などのテクニカル的な高度なテクニックは必要ありません。狙い銘柄を絞る際にチャートを参考にする程度で、いざ購入してからはチャートを見る必要がないほどです。

株価は振り子のようなものです。ある価格帯を中心に常に上下に行ったり来たりしています。株価動向を気にしてしまうと、その振り子の動きが気になって、どうしても売ったり買ったりしたくなります。短期取引で売買を繰り返して値幅稼ぎをする場合には必要でも、新ＮＩＳＡで中長期投資する場合には目先の動きを気にしても仕方ありません。

短期的な株価動向は気にせず、長期でじっくり持ってしっかり儲ける。そのためには正しい銘柄選びをすることが重要です。

中長期投資は、最初の銘柄選びだけ間違えなければいいのです。その点でも新ＮＩＳＡでの投資は、投資にかける時間が限られているサラリーマン投資家に合った投資法なのです。

株価ボードは見ない

中長期投資は短期的な株価動向には目を向けず、数年先を見据えて投資します。業績などの成長性から判断して「将来的に株価が上昇する」という見通しが変わらないならば、途中経過がたとえどのようであろうとも関係ありません。紆余曲折あろうとも、最終的には企業業績に収斂するという株価形成の原則を信じて持ち続けることです。

誰しも目先の動きも気にはなるかもしれませんが、長期投資スタイルでいくと決めたら、短期的な値動きはあまり気にしないようにしたほうがいいのです。目先の上げ下げを気にしていると、目先の株価変動に気を取られてついつい売ってしまい、売った後に大きく値上がりして後悔するケースは山ほどあります。

狙い銘柄を絞って購入したら、あとはじっくりホールドして値上がりを待つ。特に新ＮＩＳＡは無期限で非課税なのですから保有期間を気にする必要がありません。銘柄選択さえ正しければ、利益が出る確率は高くなります。

そうはいっても自分が買った銘柄の株価は気になるものです。その日の株価の動きが気になって取引時間中さかんに株価ボードを見てしまう。今はスマホでも簡単に株価をチェックできるため、誰しもやりがちな行動です。

しかしこの株価ボードを見るのも中長期投資では意味のないことです。むしろ株価ボードは見ないほうがいいぐらいです。中長期投資のつもりで買った銘柄でも、株価ボードの点滅する株価に惑わされて売ってしまう。そんな事態になりかねません。

せっかく無期限の非課税口座で買ったのに、値動きに騙されて損切りしたうえに、投資枠まで使ってしまう。こんな無意味な投資行為はくれぐれもしないようにしてください。

中長期投資を心がけるならば、日中頻繁に相場を見る必要はありません。リアルタイム性の高い情報を得ても、その都度売買するわけではないので、あまり意味がありません。そんなことより、しっかりした業績の裏付けのある有望株をじっくり仕込んで中長期で手堅く利益をものにする。この心構えができていればメンタルがブレることもなくなります。

有望銘柄を仕込んだならば、あとはゆったり構えて値上がりを待つ。

株価ボードの値動きに騙されず、中長期的に成長する銘柄をじっくり長く持って、何倍にもなる株を手にしたいものです。そうした大化け銘柄を利食いしたとき、非課税の有難みをつくづく実感できるはずです。

新NISAは中長期投資が基本

「短期投資」……大口資金投資家（プロ・セミプロ）の動向に左右されて株価が動く⬇個人投資家の勝ち目は薄い

「中長期投資」……株価はその企業の業績に収斂する原則に従い有望銘柄を選んでじっくり保有して値上がりを待つ⬇個人投資家に有利

※株価の動きに惑わされるため取引時間中に株価ボードは見ないほうがいい

要点

『新NISAでは目先の株価動向を気にせず、有望銘柄をじっくり持って大きく利食うことで非課税の恩恵を受けることができる』

株はすぐには上がらない

株式投資を始めた人は誰もが「投資を始めたらすぐに株価が上昇して資産が増える」と考えます。新聞や投資情報誌を眺めて良さそうな銘柄があったら、それを買えば「すぐに株価は倍になる」と考えて買い注文を入れるものです。投資経験がそこそこ長い投資家でも、短期での株価上昇を期待して俗にいう〝飛びつき買い〟をしたりするのですから、経験が浅い投資家であれば「すぐに資産が増える」と期待しても当然でしょう。

しかし株価は個人投資家の都合で動くものではありません。マクロ経済の動向をベースとして、大口機関投資家の資金動向が短期的な株価を決めていきます。個人投資家は、その大きなうねりの中では大海に漂う小舟のように流れに乗ることしかできません。

すでにお伝えしたように株価というのは投資家の期待とは裏腹に値下がりしたり、じりじりと動かない凪状態である時間のほうが長いのです。

そこで「自分の思い通りに値上がりしない」からといって、有望銘柄をすぐに手放しては元も子もありません。そうした投資行動では、せっかく個人投資家にとって最大のメリットといってもいい新ＮＩＳＡの恒久非課税を活かすことができません。

とはいえ、投資家心理としては「すぐに値上がりして欲しい」という思いはどこかしらにあるため、狙い銘柄の購入に際してしばらくタイミングを待つことも大切になります。かといって株価が上昇するのをドンピシャのタイミングで掴むこともできませんから、ある程度買ってから上がるまで待つということも大切なのです。

たとえば2023年の後半から大きく株価が上昇してきた霞ヶ関キャピタルも、一時は6000円をつけ、その後は2000円を割り込む場面がありました。会社自体の業績は毎年好調ですが、割高過ぎた株価は下落することがありますし、一度大きく下落してしまった株価は高値で購入した投資家が底値近辺で処分売りをジワジワと出していきますので、長い時間停滞することがあります。霞ヶ関キャピタルもそのような横ばいの状況が1年以上続いた後、上昇に転じてきたのです。

大化けの銘柄ほど株価が上昇していく過程で株価下落というふるい落としがあります。中長期で成長するであろう銘柄を買っていても、短期的には下落してしまうこともあります。自分が買ったそばから株価が下がるように感じることもありますが仕方がありません。株価は自分に都合のいいタイミングで動いてくれるものではないのです。

そのことを頭に入れておけば、分割投資で時間をかけて投資していくことでリスクを減らすことができます。

■「霞ヶ関キャピタル」のチャート

一時6000円の高値を付けたものの、その後2000円台、4000円台でしばらく価低迷。そこから再度上昇を開始して10000円以上の大台を付けた。

分割投資で余裕を持った購入を心がける

分割投資とは「タイミングを分割して購入する」投資方法です。いずれは株式を追加購入していく前提で、自分が選んだ株が長期的に上昇するという見立てが正しかったとしても、その道中では揺さぶりがあるので、それに耐えられるようにゆっくりと仕込んでいくのです。

たとえばDという銘柄を新NISAで300株購入する予定でいるとしても、いっぺんに買わずに100株ずつ購入する。もしもすぐに値上がりしたとしても100株でも儲かっているわけですから、それはそれで良しです。逆に下がったとしても、今度は安い値段で買い増しのチャンスになります。

これが一度に買い付け予定数の300株を買ってしまう、あるいは新NISAの年間投資枠いっぱい買い付けてしまっては、期待通りの動きにならなかったときに身動きが取れません。何か策を講じようにも何もできないのですから、ただ手をこまねいて見ているしかないのです。同じ銘柄を持っているにしても、安い値段で追加購入して単価を下げるなどの打つ手があるのと、打つ手がなくてただ黙って見ているだけでは心理状態がまったく違います。

それが顕著に表れるのは株が調整局面（下落）に入ったときでしょう。買おうと思っている人は「チャンスが来た」という気持ちで相場を眺めていますから心理的には安定しています。ところが、目一杯購入してしまった人は何する術もなく、もはや祈るしかありません。積極的に手を打てずに放置するしかないのです。

つまり分散取引とは〝余裕を持った取引〟ということです。一般口座での取引はもちろんですが、非課税枠に制限のある新ＮＩＳＡでは年間投資枠を一度に使い切ってしまってはあとは何もなすべがありません。

投資枠が決まっている新ＮＩＳＡだからこそ、虎の子の枠を大切にして、一度に目一杯買わずに、ゆとりを持ってタイミングを計り、ゆっくりと何回かに分けて購入するようにしたほうがいいのです。

分割投資のすすめ

短期的な株価は、マクロ経済の動向をベースとして、大口機関投資家の資金動向が影響

⬇

株は自分の都合のいいようには動かない

投資枠を使い切ってしまうと株価下落局面で打つ手なし

⬇

一度に買わずにタイミングを見ながら分散して購入

※投資枠があれば株価下落局面は狙った銘柄を安く仕込むチャンス！

要点

『一度に目一杯購入せずに分割して購入することで年間投資枠を有効に利用する』

〝中長期投資〟で非課税の恩恵を最大限に利用せよ

新NISA投資の基本は「1800万円」という非課税枠をなるべく長期間使うことにあります。おすすめなのは配当金も新NISAの非課税枠でもらいながら、給料から投資資金を捻出して積立てていく作戦です。

この作戦だと、中長期投資が基本戦略になってきます。数年先を見据えた中長期投資で、業績、配当等がしっかりした銘柄を選んでじっくり保有して資産を増やしていく投資手法が新NISA投資には合っています。個別株投資でも頻繁に売買するタイプの投資法では、非課税枠をすぐに使い切ってしまうため非課税の恩恵を受けることができません。

私の投資法の基本はすでにご紹介したように中長期投資がメインです。その理由は株式投資につきものの〝ギャンブル性〟を極力排除して勝てる確率を上げるためです。デイトレードやスイングトレードなどの短期取引と違って、年単位で取引する〝中長期投資〟であれば、資産を増やせる確率がぐっと高くなります。つまりギャンブルと違って〝勝てる〟ということです。

企業は経済活動を通じて継続的に利益を稼いでいますので、成長企業であれば長期的には株価の上昇・配当金・株主優待という形で投資に対して利益を得ることが可能です。銘柄選定を間違えずに成長性のある銘柄を購入さえすれば、株価は上昇していくものです。

市場全体で見ても、経済成長が続く限り株価は上昇していきます。基本的に資本主義経済というのは、拡大再生産して経済成長していくことが前提としてあるのですから、それに伴って全体株価も上昇していくのが理にかなっているわけです。

この原則を知っていれば、株式投資はギャンブルとはまるで違うことがわかります。

ギャンブルがゼロサムゲームだとすれば、株式投資は勝てる確率が50％以上ある〝プラスサム〟ゲームなのです。銘柄選びさえ間違えなければ、基本的には確率高く勝てるのが中長期での株式投資です。

ただし、株価は短期的には需給などの要因によりランダムな動きをしますから、業績好調な企業の株でも短期的には値下がりすることが当然あります。ですから短期取引だと勝つか負けるか、それこそ確率的には半々の丁半博打に近いといってもいいでしょう。そんな生き馬の目を抜くような短期取引という賭博場に我々のような素人投資家が参加したとしても負けることが目に見えています。たとえ勝つことがあったとしても、トータルでは負けてしまいます。ギャンブルは回数をこなせばこなすほど負けてしまうゲームだからです。

一方、中長期の株式投資は、企業が稼ぎ出す利益という裏付けがありますし、基本的には企業は毎年成長するものですから、我々のような、いわゆる素人の一般投資家でも50％以上の確率で勝つことができる勝負なのです。

そのうえ新NISAは期間無制限の非課税ですから、10年だろうと20年だろうと同じ株を持ち続けて構いません。最初から〝短期勝負〟に持ち込む必要はありません。

配当も利益も非課税、そのうえ期間も無期限という強い味方をフル活用するためには中長期投資が理にかなっているのです。

新NISAの非課税措置で資産増加が加速

私たちがもらっている給料は、通常源泉徴収という形で課税されているため、痛みを感じないように慣らされています。

給料からどれだけ税金で引かれているかは給料の源泉徴収票を見ればわかります。給与所得の形で所得を得ると、約半分は税金や社会保険料で引かれてしまいます。給与天引きされているから意識することがありませんが、それだけアナタの財布からお金が抜き取られているのです。

一般口座の場合、株式の配当金や売買益でも約2割が源泉徴収されています。この源泉徴収がされないというのは、どんな収入でも課税される世の中で本当に珍しいことなのです。

新NISAで非課税措置を受けて配当金をもらうと資産増加が加速します。

たとえば、株価1000円で5%の配当金をもらえる銘柄を1000株購入して100万円投資したケースを考えてみましょう（株価は変わらないものとします）。

非課税口座でもらえる配当金は5万円ですから、合計資産は「100万円+5万円=105万円」になります。さらに次の年は、「105万円×5%=52500円」の配当金となり、合計資産は「110・25万円」になります。

一方、課税口座（一般口座）の税率を計算上キリがいい「20%」とすると、最初の年にもらえる配当金は「5万円−1万円（20%）=4万円」で資産合計「104万円」になり、さらに次の年は「104万円×5%=52000円」−「10400円（20%）」=「41600円」ですから、資産合計「108・16万円」です。

「110・25万円」と「108・16万円」ですから、2年ですでに「2万円」の差ができました。

実際には、追加で資金拠出（追加資金投入）するようになっていきますので、年々、資産額の差は拡大していきます。その結果、やがて資産形成で大きな差となって返ってくるのです。

新NISAを使った株式投資では、中長期投資が基本です。中長期でどっしりと構えて非課税枠を最大に使い資産を増やすことを考えていきましょう。

『配当金も非課税のメリット』

配当金にかかる税金が非課税＋売買益から引かれる源泉徴収も無税

⬇W非課税効果で資産増加が加速！

例）１０００円で５％の配当金をもらえる銘柄を１０００株購入した場合（投資額１００万円）

新ＮＩＳＡ

１年目「１００万円＋配当金５万円＝１０５万円」
２年目「１０５万円×５％＝５２５００円（配当金）」
資産「１０５万円＋配当金５２５００円＝１１０・25万円」

課税口座（一般口座）

１年目「１００万円＋配当金４万円（５万円−１万円）＝１０４万円」
２年目「１０４万円×５％＝５２０００円」−「１０４００円（20％）」＝「４１６００円（配当金）」
資産「１０４万円＋４１６００円＝１０８・16万円」

※新ＮＩＳＡ「１１０・25万円」VS一般口座「１０８・16万円」⬇２年ですでに「２万円」の差
※年数を重ねるほど複利効果で新ＮＩＳＡと一般口座の差は大きくなる

『新ＮＩＳＡでは中長期投資でじっくり構えて資産を増やす』

第3章

3rdステップ
絶対に失敗しない！ 新NISA投資法 〜実践テクニック編〜

この章では第１章、第２章で得た基礎的知識、投資メンタルをベースとして、新NISA口座で実際に投資するにあたって守るべきルール、売買ポイント、狙うべき銘柄といった、新NISA投資で勝つための実践的なテクニックをご説明したいと思います。これまでにお伝えした新NISA投資の特徴を踏まえたうえで、本章でご紹介する、より実践的な投資テクニックを用いて、新NISAで資産を築く“勝つ投資家”を目指してください。

まずは100株買ってみる

「狙っている銘柄をいつ買えばいいのか？」

これは難しい問題です。タイミングを計って買えばいいとはいえ、ベストな買いタイミングで買うことなど我々のような素人一般投資家にはまず無理だからです。

投資先の銘柄を探していて、「これは良さそうだ」という銘柄を見つけたら、100株でも購入しましょう。

もし株価が高く投資資金が増えてしまいそうなら100株ではなく、1株、10株といった単元未満株でもかまいません。新NISAでは単元未満株も投資対象になっているのです。

株式投資をしていると、最初の100株をいつのタイミングで購入するのがいいのか迷い、結局買えない人がいます。上がる見込みはあるものの、それと同じぐらい将来に対して不安や懸念材料があるのが株式投資です。その不確実性が時間の経過とともに〝確実〟になることが明らかになると、株価がその確実性を株価の上昇という形で織り込み始めます。そして業績が良いことが誰の目にも明らかになった頃には、十分株価に業績の良さが反映されてしまっているのです。

「有望な銘柄だな」と思いつつも、しばらく買うことができずチェックをしている間に株価が少しずつ上昇していくことがよくあります。最初の100株を購入することができない人は、上がりだしてもまだ購入することができません。前の安値を覚えているので、その値段から比べると高くなってしまったので買えないのです。こうした人は安くなっても「まだ安くなるんじゃないか」という気持ちが先だって買うことができません。結局上がるにしろ下がるにしろ、いつまでも買えないままです。

「なぜあのときに買わなかったんだろう」「買っていれば今頃10万円は儲かっていたのに……」

こうした後悔をなくすためには100株だけでも買ってみましょう。

100株だけでは上がったとしてもあまり儲からないかもしれません。しかし「儲かる銘柄に乗ることができた」という成功体験が積み上がります。逆に損をしても100株だから大した金額ではありません。

新NISAは非課税枠が決まっているからと慎重になりすぎず、「これは良さそうだ」と思う銘柄を見つけたら、まず100株だけ買ってみることです。

もちろん購入にあたっては、自分なりに銘柄分析をして、銘柄に対する確信が深まった時点で購入することは忘れないでください。

軽く〝手付〟の気持ちで買ってみる

100株購入するメリットは他にもあります。

人間の脳は、興味関心があるものについてはさらに情報を得ようとして、そうではないものについては目に入っても耳に入っていても情報として処理されません。あまりに普段の生活で五感から入ってくる情報が多いために、必要ではない情報はインプットしないようにできているのです。子どもがいない人は子どもが周りにいても存在に気がつきませんし、肩こりに悩んでいない人には整骨院の看板は目に入りません。株式投資でも同様に、保有していないと興味関心がわかないものです。

軽い気持ちで100株は手付の気持ちで買ってみるのです。100株でも購入することで自然とその銘柄について調べる気持ちがわいてきます。街角でふと目に入ったその会社の新商品、広告も目に入ります。少し購入するだけで、その銘柄の調査をするにも本腰が入るというものです。推しのアイドルができると、少しでも多くの情報を得るためにテレビの出演情報、ライブ日程、SNSでの配信をつぶさにチェックするようになるのと同じように、株式投資でもその会社の製品やサービスを身近に感じますし、TVCMで流れているのを見ても興味がわきます。株価の値動きに注目するようになりますし、配当金の額についても調べるでしょう。株は買ってみなければ始まらないのです。

特に今年2024年から株式市場には株価が上がりやすい追い風状態がそろっているので投資のチャンスといえます。折からのインフレが継続して、モノ・サービスの価格が上昇しやすい状況になっていることに加えて、日本取引所グループが打ち出した東証プライムを頂点とした低PBR状態解消要請、アクティビストの投資、新NISAのスタート、円安による大企業の利益かさ上げ効果などがあるため、少しでも投資してその流れに乗っていくことも大切でしょう。

アクティビストとは〝物言う株主〟とも言われるファンド（大口機関投資家）のことで、有名なアクティビストには旧「村上ファンド」などがありますが、企業の株式を大量に保有し、株主として経営陣に株主還元を求めたりします。近年では企業に対し、自社株買いの実施や配当金の増額など株主価値の向上を求める動きが活発化しています。

東京証券取引所が上場企業に要請している「株価純資産倍率（PBR）の改善」もアクティブファンドにとって追い風となり、今後ますます〝物言う株主〟のアクティブファンドの存在感が増していくことでしょう。これは個人投資家にとってもチャンスであり、特に低いPBR銘柄への投資は注目されます。

新NISAという個人投資家にとって最大のメリットとなる制度が開始されたうえに、株式市場にとって様々な追い風が吹いているのですから、株価が上昇した後に「何であのとき買わなかったんだろう……」と後悔する前に、狙いをつけた銘柄はまずは100株買ってみる。その投資スタイルを確立しましょう。

新NISAで買うタイミング』

最初に買うタイミングを迷う

↓

しばらく買うことができず様子見している間に株価上昇

↓

「なぜあのときに買わなかったんだろう」と後悔

※最初の100株を購入できない人は、上がり出しても購入できず、安くなっても購入できず、結局見ているだけで買えないもの

100株でも購入すると自然とその銘柄について調べるようになり、その企業の商品や株価の値動きに注目するようになる

↓

株は買ってみなければ始まらない

要点

『新NISAの投資枠にこだわらず、軽い気持ちで〝手付〟で100株だけ買ってみる』

狙い目株が上がってしまったとき、買う？　買わない？

狙っていた株を「いつ買おうかな」と考えていたときに、気がついたらスルスルと株価が上昇していってしまった。

「今から買うのは、安い値段を知っているだけに悔しいし、もったいないから買うことができない」投資家なら誰しも味わったことがある感覚でしょう。

そうして買うのを躊躇しているうちにも株価はさらに上昇していき、ついには手が出ない高値まで上り詰めて後悔する。あるいは途中で我慢できずに「えいや！」とばかり飛びつき買いをした途端に株価は天井をつけてあとは下がっていくばかり。こうした苦い経験をお持ちの方も多いことでしょう。

特に新ＮＩＳＡでは短期売買で利益を取りにいく投資法ではなく、じっくりと腰を据えた中長期投資が基本。さらに年間投資枠も決まっていますから、買うタイミングは慎重にならざるを得ません。「できるだけ引きつけて買いたい」と考えるのが投資家心理というもの。その結果、買うタイミングを逃してしまうケースもあるでしょう。

買っていい株、買ってはいけない株

狙っている銘柄の株価が上がってしまったとき、つまり買うタイミングを逸してしまったときどう対処すればいいのか？

それは株価が上がった理由によって異なります。

株価が上昇するのは様々な理由がありますが、長期的に狙っている銘柄が短期的な材料株として物色されているときには手出しをせずじっと我慢するのみです。

たとえばEという銘柄を狙っていたとして、その銘柄が市場テーマに乗って注目株となり、株価が上昇しているようなときには、買いは見送ったほうがいいでしょう。

市場の注目銘柄となり出来高も増えると、目先の値動きの良さにつられて短期値幅取り狙いの投資家が集まってきます。そうした俗に言う〝お祭り〟状態のときには手を出してはいけません。海千山千のプロやセミプロの投資家がわさわさと集まって盛り上がっている鉄火場に素人が自分から乗り込んでいっては、ほぼ間違いなくやられてしまうのがオチです。たいていは我慢できずに買った途端に株価は下落に転じて、元の値段近辺まで下げるような結果に終わることが多いもの。株式市場は常に新しいテーマを求めているため、一時的な材料やテーマに乗って上がった銘柄はその材料に対する市場の熱が冷めた途端に売られて落ちるのも早いのです。

一方、株価が上がった理由が〝好決算の発表〟など企業の成長性、将来性への裏付けが要因となって株価上昇した場合は、ためらわずに買っていいケースです。

この場合は材料やテーマといった短期的な要因ではなく、企業そのものの価値が上がり、その結果株価上昇という企業評価につながっています。これは〝株価は企業の業績に収斂する〟という株価形成の原則に則った動きといえますから、中長期で見れば明らかに買っていい理由付けになります。

ではどのように買えばいいのか？

好決算が発表されて今後も業績の改善が進むことが期待できるような銘柄については、高値であってもまずは100株購入して様子を見るべきでしょう。

100株購入して、そのまま上がれば良し。下がったとしても安くなったところで追加購入すれば良し。将来的な業績の向上が見込める企業の株は、いったん利食いで下げたとしても、好業績を背景に再度上昇に転じるものです。

好業績が評価されて株価が上昇した銘柄に「ダイコク電機」があります。ダイコク電機はパチンコホール向けコンピュータシステムの開発・製造・販売及びパチスロ遊技機の開発・製造・販売などの業態ですが、スマパチ・スマスロ関連の需要増加を背景に売上・利益が増加したことから株価は大きく上昇しました。初動の段階で大きく上昇しましたが、そこから深い押し目を作ることなく上昇していきました。

■「ダイコク電機」のチャート

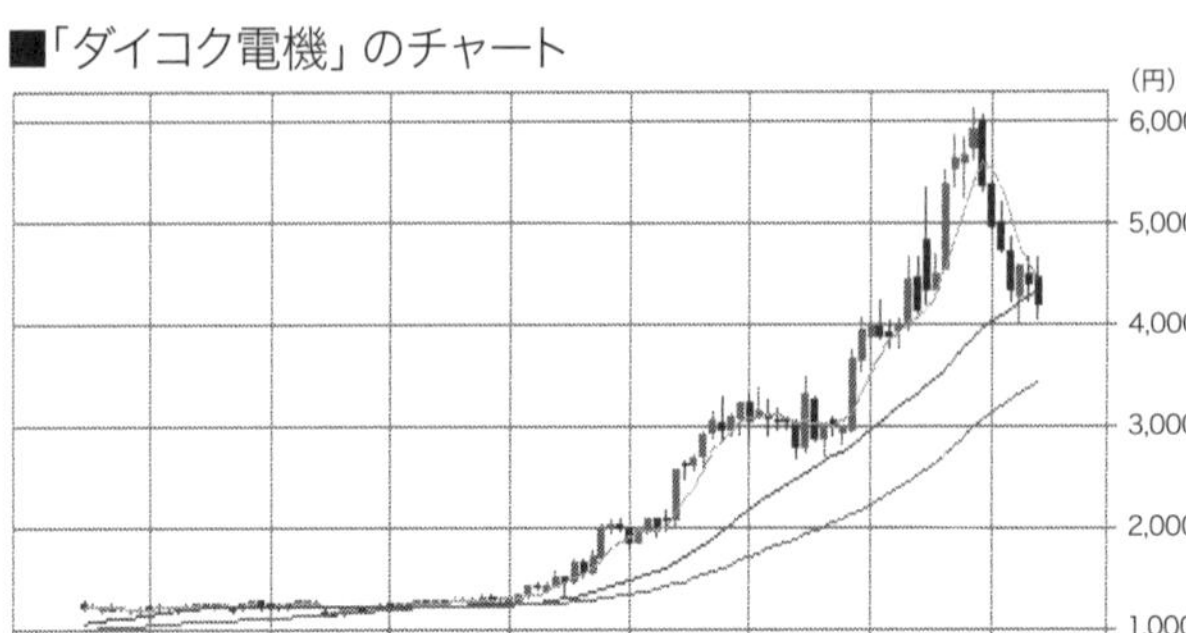

1000円台前半で動きがなかった株価はじわじわと上昇を開始し、好業績が評価されるとともに上昇スピードアップ。深い押し目をつけることなく、ついには6000円の高値まで。その後パチンコ業界の業績悪化の影響で株価は下げに転じたが、初動段階の2000円台、あるいは一息ついた凪状態の3000円どころで100株でも買っておけば十分に利益を取れている。

ダイコク電機に狙いをつけて買うタイミングを計っていたとして、初動段階で買えずに「そのうち下がるだろう」と押し目を待っていても、深い押し目がないまま上昇を続けているのですから、いつまで経っても買い場はやってこないことになります。「押し目待ちに押し目なし」の格言通り、狙っていた銘柄が上がっていくのをただただうらめしそうに眺めているだけ。「ああ、あそこで思い切って買っていれば……」と後悔してもしきれません。

そこでもしも100株だけでも買っておけば、自分も値上がりを享受できるのですから精神状態はまったく違います。さらにタイミングを見て追加購入してもいいし、そのまま100株だけ保有していてもいい。あとは売りたいタイミングでしっかり利益を確定すればいいだけです。

容姿端麗な俳優でも、駆け出しの頃はCMに出演しても高いギャラはもらえません。その後、TVドラマや映画でキャスティングされるなど、有名になればなるほどCMのギャラは高くなっていくものです。最初の頃は安かったと思っても、誰もが知っている俳優にまで知名度が上昇したら、デビューしたてのときとはギャラの金額が違うのは当たり前でしょう。

ダイコク電機のように好業績が評価されて株価が上がった銘柄は、有名になった俳優と同じです。俳優の価値が評価されて出演ギャラが上がったのと同様に、好業績が評価されて企業価値が上がったのです。

好業績が明らかになった後は株価が上がるのは当然です。「もっと安く買えたのに」「あのときはあんなに安かったのに」などと、あまり過去を振り返らず、あくまでその時点における情報において「投資する価値があるか」「今後の成長性はあるか」を考えながら投資していく習慣をつけるようにしたいものです。

狙い目株が上がってしまった場合の対処法

「短期的な材料株として物色されているとき」
⬅
手出しをせずじっと我慢
⬅
いずれ株価が下がるタイミングを待つ

「好決算が評価されて株価上昇しているとき」
⬅
今後も業績の改善が進むことが期待できるような銘柄は高値でも１００株購入して様子を見る
⬅
株価上昇しても良し、株価が下がれば追加購入も

要点

『狙い目株が上がったときは状況に応じて待つか、あるいは１００株買ってみるか、どちらか判断する』

分割売買でリスクをコントロール

投資をするときには誰しも「底値で買いたい」、「天井で売りたい」と願って投資をします。それは投資をする以上は当然の心理です。底値で買って天井で売ることができれば最大限の利益を得ることができるのですから、投資家にとっては理想的な取引なわけです。とはいえ投資をしたことがある人はわかる通り、それはまず不可能です。

ある程度投資に慣れてきたら、最大限の利益を求めることよりも「どうやって損をせずに投資することができるか？」を考えながら投資をすることの重要性に気がつきます。損を出さないこと、つまりリスクを回避することが投資家で成功するうえで非常に重要なポイントになるからです。

リスクをコントロールするのにメリットがあるのが〝分割売買〟です。分割売買とはすでにご説明したように「同じ銘柄を一度に買い付けせずに、何回かに分けて買い付けていく」投資手法です。

株式は長期的には収益水準（その企業の業績）に帰着していきますが、短期的には需給で動きます。自分が将来的に上がると思っていても、購入してすぐに上がるかどうかはわかりません。長期的に上昇している銘柄でも、株式は横ばいで上がったり下がったりしている時間のほうが長く、上昇するのは短期間なのです。

株価というのは7割から8割ぐらいの期間は一定の価格帯で推移しています。1000円から1500円になったと思ったら、また1000円に逆戻り。そしてまた1500円へ、といった具合です。そしてレンジ圏を脱して動くのは、残りの2割程度の期間。さらにそこから株価が大きく跳ね上がる瞬間というのは、概ね1割程度の期間しかないということです。

つまり株式投資では、株価がレンジ圏内でじりじりと動いている期間のほうが圧倒的に長いということです。そこで我慢できるかどうかが株式投資で資産形成できるかどうかの分かれ目になります。

そして、どんなに有望な銘柄で長期上昇波動を描いていようとも、必ず株価が下げる局面がやって来ます。市場全体の下げにつられることもあれば、その銘柄特有のリズムや需給状態（売り買いの状況）で下げることもあります。長期的な目線で見れば上がる銘柄でも短期的には下がる場面が必ずあるのです。

そうした場面で有効になるのが分割売買です。新ＮＩＳＡの投資枠、資金枠を残してあれば、短期的に下がったときに追加で購入できます。逆に買っている途中で何か変だなと異常を感じることがあれば、その時点ではまだ全額を買っていないわけですから、損切りするにしてもキズが少なく撤退できるでしょう。

どちらにしろ、分割して買うことでリスクコントロールが可能になり、心穏やかに売買することができます。

■「野村マイクロ・サイエンス」のチャート

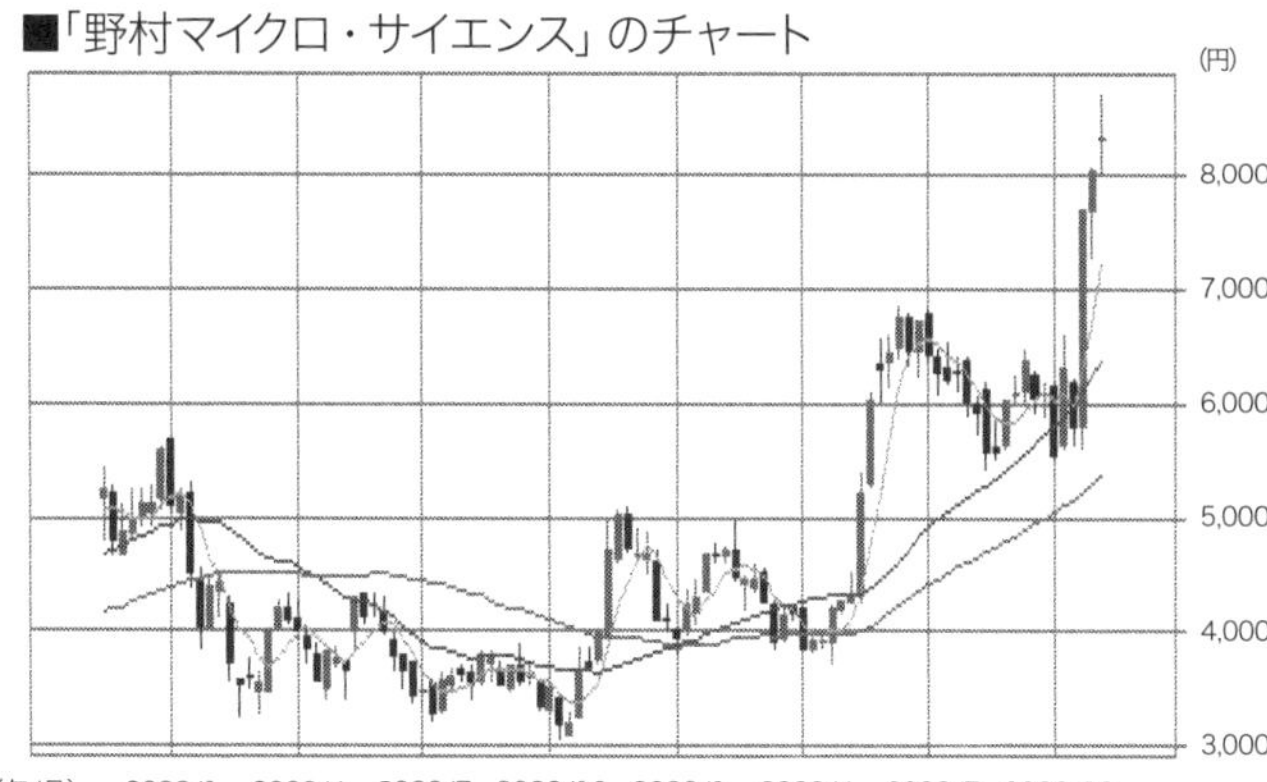

長期上昇波動を描いている野村マイクロ・サイエンスの株価だが、しばらくレンジ相場で株価が動かない期間（その間にも上下あり）や短期的な下落局面があることがわかる。

間隔をあけて余裕を持って分割購入

分割して購入していくタイミングとしては、その銘柄の株価にもよりますが、数か月で売買を完了させるのであれば、1週間に一度程度。2～3年で売買を考えているのであれば、1か月程度をめどに購入するのがいいでしょう。自分の売買期間（いつまでに予定株数を購入し、いつまでに売却したいのか）を考えながら、間隔をあけて最適なタイミングを探してください。

いずれにしろ、短期間あるいは一度に予定株数全部を購入するのではなく、間隔をあけて分割購入することがポイントになります。

間をあけずに次々と同じ銘柄を購入することを「団子玉(ぎょく)を建てる」といいます。団子のようにくっついたタイミングで買うという意味ですが、要するに「購入のペースが早すぎる」というわけです。

団子のようにくっついたタイミングで買っているので相場動向に対応することができません。特に新ＮＩＳＡでは投資枠が限られていますから、下落したら買い下がる、または一時撤退するなどの戦略がとりにくくなるのです。

私の場合、同一銘柄の購入は月に1回程度にしています。「買いたくて仕方がない。もしかしたらもっと上昇するかもしれない」と思いつつも１００株ずつゆっくりと買うのです。そうすると不思議なくらい、株を購入することへの興奮がありません。「まだ追加で買おうと思えば買えるしな」という心理で取引しているので心に余裕があります。

新ＮＩＳＡの非課税枠を使って長期投資で2倍、３倍になる株を探していこうとすると、その保有期間は2年、３年、場合によってはもっと長期化するかもしれません。それくらいのゆったりしたペースで資産を形成していくならば、１か月に一度程度、あるいはそれ以上の間隔をあけて購入し、1年以上かけて買い集めていくぐらいでもいいのです。

こうした〝余裕を持った取引〟を私がおすすめしているのは自分自身の経験からです。含み損銘柄ほど上昇に転じてきたときに、これまでの苦しみから解放されたい一心で「トントンでいいや」と売却してしまいがちです。これではせっかくもらった個人投資家に有利な新ＮＩＳＡの非課税措置をまったく利用できていません。

新ＮＩＳＡで長期保有して大きな利益を得るためにも、分割購入でリスクヘッジし、かつ余裕ある取引で非課税の恩恵を存分に味わいたいものです。

分割購入のタイミング

数か月で売買を完了させたい
⬇
1週間に一度程度。

2～3年、長期的な売買を考えている
⬇
1か月に一度程度をめどに購入。

要点

『分割購入でリスクコントロールすることで余裕ある取引ができる』

新NISA向き銘柄の発掘法

新NISA枠内で投資をする投資家は、個別株投資については1200万円の成長投資枠で投資することになります。一人あたり最大1200万円、夫婦で最大2400万円。住宅ローンを組んで自宅を購入、子どもの教育費の積立など、その他にも資産を割り振る必要があるでしょうから、この1200万円（夫婦で2400万円）という個別株式の投資枠があれば十分という方も多いでしょう。

新NISAで行う中長期投資向きの銘柄としては、業績が上向きで、かつ直近数年間の売上・利益が着実に増加している会社を狙うといいでしょう。

円安局面が続いているため、円安で恩恵を受ける、海外で稼いでいる企業を中心に探していくと、業績の伸びに合わせて株価の上昇も期待できます。

PBRについても確認していきます。低PBRの銘柄で、かつ企業がその解消のために努力をしている姿勢を見せている会社が買いになります。具体的には、売上増加・増配・自社株買い等の方針を公表している会社に注目します。

投資先を調べるうえでは、企業トップの発言にも注目してみましょう。

株価を意識している経営者はインタビューでも自然と「売上を上げる」「業績を上げる」「自社株買いをする」「配当を増やす」「M&Aまたは新規事業の立ち上げで事業領域を拡大する」……など、株価を上げるための取り組みについてわかりやすい言葉で話しています。そうした経営者の発信するコメントから自分が納得できるような説明があれば、買いの候補になるでしょう。

また、株価を自社のコーポレートサイト（自社ホームページ）のトップページに掲載しているかどうかも確認してみてください。自分の会社の株価を意識していて経営しているかどうかの判断材料の一つになります。

低PBR銘柄を狙え

現在、株式市場は長年相場の蚊帳の外に置かれていたバリュー株銘柄（割安株）が強く、逆に以前は相場の中心的存在だった割高なグロース株（成長株）が弱い状況が続いています。これはすでにご説明したように、世界的なインフレ傾向から資金がこれまでの割高な高PBR銘柄から割安な低PBR銘柄に流れている現象（金利が上がったためリスクの低い利回りの良い銘柄に資金が移動）で、今後しばらく続くと予想されます。

大口資金を扱う機関投資家は、株価が大きく上がるよりも安定した収益を上げているバリュー銘柄の保有のほうが、投資ポートフォリオ全体の安定感につながることもあり、バリュー株投資が中心になっています。長期にわたってデフレが続いていた日本もインフレ社会に転換したこともあり、機関投資家も積極的に株式投資に資金を投入する時期となっています。

機関投資家が積極的に株式投資に資金を向ける理由の一つには、すでにご説明したように東証が上場企業に要請した〝低ＰＢＲからの脱出〟政策も挙げられます。

２０２３年3月、東証は上場企業のうち、ＰＢＲ1倍以下で取引されている企業に対して、個別にＰＢＲ1倍割れを改善するように要請を出しました。

「ＰＢＲ」とは「純資産倍率」といい、保有している資産よりも割安な価格で株価が取引されているということです。経済的に考えれば、株を買い占めて企業を解散して売却してしまえば儲かるのですから、低ＰＢＲ銘柄はいずれ、少なくともＰＢＲ1倍の水準までは回復していくはずです。ＰＢＲ1倍でも、まだその会社の収益は考慮されずに資産面のみに着目した水準ですから、本来であればＰＢＲ1・5倍、2倍という水準でもおかしくありません。

ではなぜＰＢＲ1倍割れの水準が放置されてきたかというと、その会社の収益性が期待されていなかったからです。どんなに割安でも利益水準が上がらないのであれば、「買う価値がない」と判断されて放置されてきたのです。機関投資家などの大口投資家からすれば、世の中には低ＰＢＲ銘柄以外にもたくさん投資先がありますし、外国の投資先もあります。あえて低成長で、しかも解消の見込みがない銘柄を買う理由はないというわけです。

しかし、この状況を放置しておくと、いつまで経ってもその企業の株価は上がりません。低

■「熊谷組」のチャート

低PBR銘柄のゼネコン準大手・熊谷組は、株主である香港のヘッジファンド“オアシス・マネジメント”から発行済み株式の20％に当たる自社株買いや1株あたり188円の配当実施、配当性向75％を目標とした株主還元を求める提案を受けたと発表。株価も株価対策とともに上昇した。

ＰＢＲ銘柄も日経平均株価やＴＯＰＩＸといった株価指数の構成銘柄に組み込まれていますから、市場全体としての株価上昇の足を引っ張っているともいえます。それは東証にとっても具合が悪い。何しろ税金を取らない新ＮＩＳＡという思い切った政策を取ってまで政府は株価を上げようとしているのですから東証も黙って株価低迷する企業を放っておくわけにはいかないのです。

これまでＪＰＸグループ（日本取引所グループ）は、取引先でもある上場企業に対してこのような改善要請は行ってきませんでした。しかし、新ＮＩＳＡが始まるタイミングを控え、東証区分改革（東証一部を頂点とする構造から東証プライムを頂点とする構造への変革）と併せて、低ＰＢＲを一掃しようという姿勢を明らかにしました。そのためには、個別企業に強く改善要請を今後も出していくことになります。

企業サイドとしては何らかの方法で低ＰＢＲを解消しなければなりません。ゴールとしては、株価を上昇させることですが、その手段は各社に任されています。自社株買いといった即効性のある施策だけではなく、バランスシートの改善、売上の向上など、本質的な収益力向上が望まれているところであり、今後はPBR1倍割れを解消すべく各社の取り組みが本格化するでしょう。

その目的は「株価を上げるため」です。

政府、東証、企業、どれもそろって株価を上げようとしているのですから個人投資家もこれに乗らない手はありません。

狙い目銘柄は様々な角度から検証・分析して選ぶ必要がありますが、株価を上げる必然性がある〝低PBR〟の銘柄を狙うことは、リスクを押さえて投資することができるため、初心者にもおすすめです。

新NISA向き銘柄の発掘法

中長期投資に適した「業績が上向きで、かつ直近数年間の売上・利益が着実に増加している」企業

「円安で恩恵を受ける、海外で稼いでいる」企業

「自社の株価を意識している」企業

※社長の発言、株価を自社のコーポレートサイト（自社ホームページ）のトップページに掲載している……などにも注目

「低PBRで、かつ企業がその解消のために努力をしている姿勢を見せている」企業

具体的には、売上増加・増配・自社株買い等の方針を公表している企業に注目

要点

『特に〝低PBR〟銘柄はリスクを押さえて投資することができる』

配当銘柄に注目せよ！

新ＮＩＳＡでは、配当利回りの実質的な向上も見逃せません。

一般口座での取引は売買差益だけではなく、配当金についても約20％の税金が取られてしまいます。これが新ＮＩＳＡになりますと、配当金にかかる税率も非課税となり、そのまま配当金が増えますから、実質的に〝20％利回りが上がる〟ということになります。

たとえば税引き前の配当利回り（配当金÷株価）が５％の株式があったとすると、通常であれば約20％が源泉徴収されて、残りの約４％が利回りとなりますが、新ＮＩＳＡでは５％そのまま配当金としてもらうことができるのです。

具体的な例を挙げてみると、ＪＴ（日本たばこ産業）の配当金は現状「１８８円（１株当たり）」ですが、株価の時価を「３６００円」とした場合、配当利回りは「約５％」になります。しかし一般口座ではここから約20％の税金を引かれてしまうので、実際に手元に来る配当金は「約１５０円」となり、実質的な配当利回りは「約４％」になってしまいます。

これが新ＮＩＳＡ口座であれば、配当にかかる税率は非課税のため、「１８８円」が「１８８円」のまま配当金として口座に振り込まれることになります。

実質的な配当金利回りアップで有利に

機関投資家に新ＮＩＳＡのような優遇はありませんので影響はありませんが、個人投資家から見ると新ＮＩＳＡで購入すると税金で差し引かれる20％分利回りがアップしたようなものです。

これは地味な変化のように思われるかもしれませんが、個人投資家の目線が上がることが想定されます。今までなら配当利回り５％の銘柄を買うときに、実質配当利回り分の「４％までしか買えないな」と思っていた個人投資家が５％の水準まで買い上げるという変化が発生します。つまり「１％分多く買える（株価が上がる）」ということにつながります。

株式の売買益というのは不確かなものです。株式市場の価格というのはどんなに会社が頑張っていたとしても、マクロ経済の大きな影響を受けるもので、どうしても短期的に値下がりする可能性はあります。一方で配当金というのは企業の経済活動の結果獲得した利益の配分ですから、事業が安定していれば安定的にもらうことができ、またその金額も安定しています。

配当利回りに着目して投資をする投資家にとっては、新ＮＩＳＡが始まってからはこれまで以上に買える銘柄が増えてきます。となれば、配当金を安定して支払う能力がある銘柄には、それを見越した買いが入ってくることも想定されますので株価上昇の要因となります。新ＮＩＳＡで投資を始めるにあたっては、配当利回りの良い銘柄を確認しておいたほうがいいでしょう。

配当金で味わう〝新NISAの旨味〟

そしてなぜ新NISAで配当銘柄を購入して配当金をもらったほうがいいかというと、配当金をもらうことで〝新NISAに対する考え方〟が変わるためです。

実際に20％の源泉徴収をされていない配当金を受領すると〝非課税の旨味〟を実感します。売買益は利益確定するまで実感が湧かないものですが、配当金は定期的に振り込まれることで新NISAの非課税措置を体感することができるのです。株式や投資信託を購入した時点では非課税のありがたさを感じることはできません。非課税が適用されていることを実感するのは利益確定したとき、または配当金をもらったときです。

ただし、これも金額が少ないと、あまり実感できないでしょう。1万円の配当金であれば、一般口座では20％源泉徴収されて約8000円が振り込まれます。これが新NISAであれば1万円そのまま振り込まれて、その差額は「2000円」。この「2000円」を大きいと感じるか、小さいと感じるかは人それぞれですが、たいていの方は「2000円程度の違いか」と感じるのではないでしょうか。

ところがこれが配当金「10万円」となるとどうでしょう。新NISAの非課税枠でもらうと20％分、2万円が源泉徴収されないので「10万円」そのまま口座に振り込まれます。一方、一般口座では源泉徴収されて「約8万円」で、その差は「約2万円」。「２０００円」と比べると、かなり大きな違いを感じるはずです。

さらに配当金が１００万円であれば、「20万円」が非課税になり、ここまでくると非課税の凄さがわかります。しかもその非課税措置は一生続くのですから、新ＮＩＳＡの旨味を心底感じることができるでしょう。

人は自分に利益があると判断したものにはリソース（財源）をつぎ込みます。新ＮＩＳＡの非課税の旨味を実感することで、普段の生活からお金を貯めて新ＮＩＳＡ口座にできるだけお金を入れようとしますから、その分資産の増加が加速していくのです。

一度新ＮＩＳＡの非課税枠で優遇を受けることができるようになれば、利益をもっと得るために追加資金を投資する気持ちになります。さらに非課税で得た配当金や売買益を再投資することで資産増加のペースが加速していきます。精神的にも、計算上も、新ＮＩＳＡ口座にお金をなるべく早く積み立てたほうが資産形成が進むのです。

そのためにも配当金銘柄に注目してポートフォリオに組み込むことで、源泉徴収されない配当金という〝新ＮＩＳＡの旨味〟をしっかりと享受してください。

配当銘柄の優位性

「一般口座」……約20％の源泉徴収
・配当利回り5％⬇実質約4％の配当利回り
・配当金「10万円」⬇手取り「約8万円」

「新NISA」……配当利回り5％⬇そのまま5％
・配当金「10万円」⬇手取り「10万円」

※配当利回りに着目して投資をする投資家の投資対象⬇配当利回りの良い銘柄が注目されて株価上昇へ⬇〝実質配当アップ＋株価上昇〟で新NISAの旨味を満喫

要点

『配当銘柄に注目せよ！』

新NISAで成長株を買うのは慎重に

ご存じのように株式は銘柄の特徴によって「大型株」「小型成長株」「高配当株」「優待株」……などの種類に分けられます。どの種類の銘柄を購入するかは投資家の好み（判断）にもよりますが、新NISAで成長株、特に〝小型成長株〟を売買するは難しいと言わざるを得ません。

ベンチャー企業などの将来性豊かなスタートアップ企業は株式投資では魅力ある企業として市場の注目も高く、投資家人気も集めやすくなります。そうした小型成長株は値上がりが期待できますし、実際にテンバガーなどの大化けした銘柄もあります。しかも新NISAでは、その利益が非課税で税金が取られないのですから、さらに旨味があります。

「大儲けできて、そのうえ税金も取られないのだから、小型成長株を買おう」

非課税というメリットだけを見れば、小型成長株を中心に買いたくなるという気持ちもわかります。

しかしちょっと待ってください。今の状況を考えると私は正直あまりおすすめできません。新NISA枠で成長株、特に小型成長株を購入するのは、投資判断が曲がってしまうかもしれないからです。

「非課税枠がもったいない」と損切りできず

成長株、特に小型成長株の何が危険かというと、成長株はいったん崩れてしまうと大きく値下がりしてしまうことです。ある程度発行株式数がある銘柄であれば、値下がりしてもある程度のところで止まりますが、発行株式数の少ない流動性の低い小型株の場合には、そもそも出来高が少ないため、値動きが激しく、いざ値下がり始めるとあっという間に何分の１まで売り込まれてしまいます。そこですぐに切り返して再上昇をすればいいのですが、上で買って損を抱えている投資家が多いため、多少値段が上がると戻り待ちの売りに押されてなかなか株価が再浮上していきません。

そうなると何分の１にも減ってしまった銘柄を抱えてじっと耐えるほかありません。一般口座であれば投資枠が限られていないため、資金さえあれば他の銘柄を買うこともできますが、投資枠の限られた新ＮＩＳＡではそうもいきません。その銘柄を抱えている分、投資枠の空きが減少します。

本来ならば、そうした事態になる前に損切り（売り）すべきでした。値下がりした場合に、即座に損切りできるのであればいいのですが、「非課税の新ＮＩＳＡ枠で損切りするのはもったいない」という心理が働き、損切りができずに却って損失が膨らむかもしれません。

小型成長株は、本来ならば１００万円のものが90万円、80万円と下がってきたときに躊躇せず損切りするもの。それが30万円、20万円まで下がってきてしまうと、「ここまで下げたなら上がるまで待とう」という心理も働き、損切りするのが難しくなります。損切りするタイミングを逸して、そのままずるずると持ちっぱなしになることがいかに多いことか。

新NISAが非課税期間無期限だとしても、いつ戻るかわからない（戻らない可能性も高い）株を持っていても仕方ありません。あくまでも非課税というのは利益に対してです。大きくマイナスしている銘柄を非課税枠で保有していたとしても、何のメリットもありません。

新NISAだろうと機敏に損切りができるのであればいいのですが、「非課税枠がもったいない」と強く意識しすぎてしまう方は、成長株、特に小型株は向いていません。

特にこれからのインフレ局面においては小型成長株が試される場面がやってきます。金利が高い状況では成長率が少しでも下がった株式が容赦なく売られる展開が待っているからです。

躊躇なく機敏に損切りできる人はまだしも、損切りをためらう傾向がある人はピンチになることがわかっているのですから、新NISA枠では成長株、特に小型成長株投資に偏るのはあまりおすすめできません。

成長株への投資は一般口座で

それでもやはり何倍にもなる成長株の魅力に惹かれる方も多いでしょう。

その場合には、新NISA枠ではなく課税枠（一般口座）で投資をすることをおすすめします。

というのも成長株投資は、投資した銘柄すべてが値上がりすることを期待する投資方法ではないからです。5銘柄投資すれば1銘柄は大当たり、3銘柄はトントン、1銘柄は大外れという投資法なのです。いえ、5銘柄のうち1銘柄大当たりが出ればいいほう、1銘柄も当たりを引けないケースも多々あります。

成長性を的確に見抜いて1銘柄で大当たりを引くことができるのであればそれに越したことはないのですが、そんな神業的な投資は誰もができるものではありません。ましてや私も含めたサラリーマン兼業投資家の皆さんがプロでも難しいような一発必中の離れ業で大当たり銘柄を見つけ出すことなど不可能です。それができないので分散投資をしているのです。

ということは、結果としてあまり上昇しない銘柄がポートフォリオに入っているということになります。もちろん購入段階では、その企業の成長性を期待して株価が上昇すると見込んでポートフォリオに組み込むわけですが、成長株（特に小型成長株）は期待に反して業績が伸びていかないケースも出てきます。

当初の購入時点での「業績が伸びていく」というストーリーに変化が生じたとき、つまり成長性がなくなった株式については、すでにご説明したように損切りしなければいけないかもしれません。

その場合、新NISAの最大のメリットである非課税枠を無駄に使ってしまったことになりますが仕方ありません。「ダメなものはダメ」と割り切ることも投資には必要です。豊富な投資資金を運用する大口投資家はともかく、限られた資金しかない小口の個人投資家は、上がる見込みのなく

■「アスタリスク」のチャート

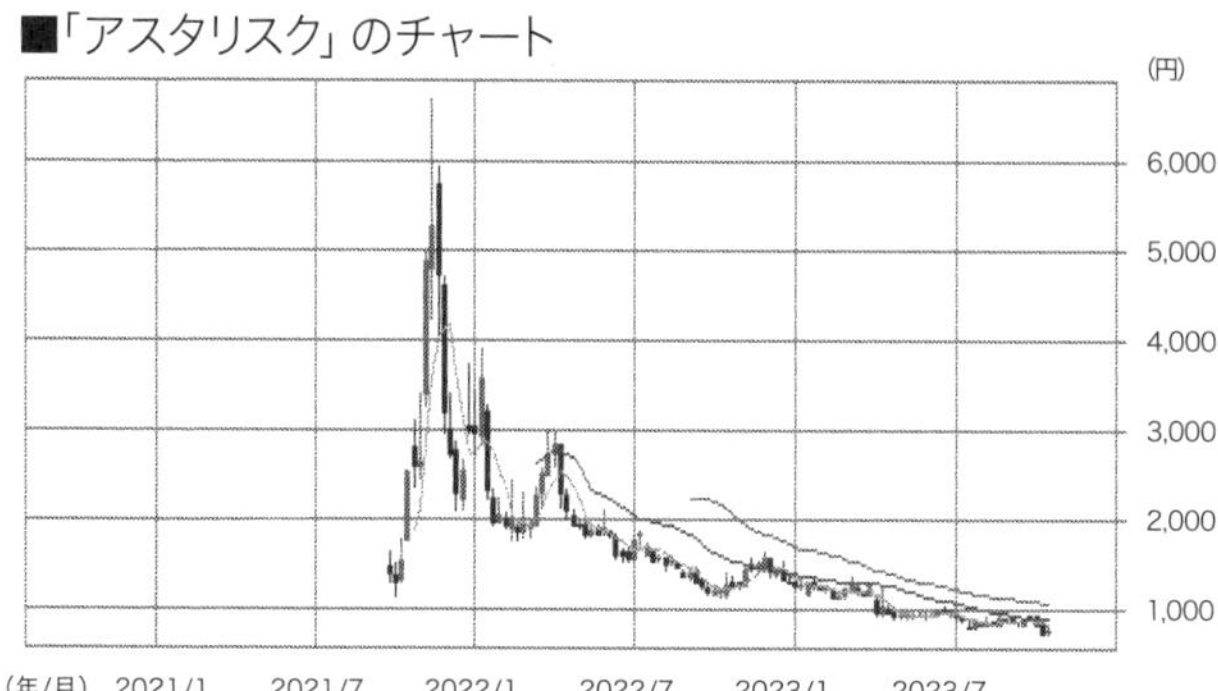

スマホに装着するバーコード・RFIDリーダーを展開するベンチャー企業アスタリスクは上場当時は大化け期待から株価が大きく上昇したが、その後株価は急落。一時6000円近くまであった株価は600円台まで下落し、低迷している。典型的な小型成長株特有の現象（株価推移）。

なった銘柄に固執していては資金効率が悪くなります。ダメな銘柄は早めに切って、より有望な銘柄に乗り換えたほうがいいのです。

成長株投資にはそうした危険性が常につきまとっています。躊躇せずに機敏な投資行動を取るには、年間投資枠などの制限のない一般口座のほうが使い勝手がいいでしょう。

新ＮＩＳＡの投資では非課税という枠を最大限活用することが大切になりますので、枠を無駄に消費してしまう可能性が高い成長株投資は非課税口座枠の外、一般口座で投資することをおすすめします。

成長株（小型成長株）は新ＮＩＳＡでおすすめできない理由

成長株（特に小型成長株）は値動きが激しい

↓

いったん下落しだすとなかなか下げ止まらない

↓

「１００万円」の株が「90万円・80万円」と下げたら即損切りが鉄則

新ＮＩＳＡの非課税枠を意識

↓

「１００万円」の株が「90万円・80万円」と下げても「非課税枠がもったいない」と損切りできず

↓

「30万円・20万円」となっても抱えたまま

↓

含み損増大・投資枠縮小

※インフレ局面（金利が高い状況）においては小型成長株の成長率が少しでも下がったら容赦なく売られる展開

『新ＮＩＳＡでは成長株、特に小型成長株への投資は要注意！』

株が下がったときの対処法は〝追加、様子見、撤退〟の3つから選択

株式投資は「買った株が下がることが当然ある」と考えることから始まります。故アントニオ猪木はかつて試合前のインタビューで「出る（闘う）前から負けること考えるバカがいるかよ」という名言を残していますが、こと株式投資に限っていえば、まったく逆です。戦う前から負けることを考えないのはバカヤローなのです。

では株価が下がるときの対処法とは何かといえば、追加購入、様子見、撤退の3つです。投資家はどの選択肢を取ってもいいのですが、事前にプランを立てておく必要があります。事前に下がったときの対処法を考えておき、その通り行動することで感情的に売買することを防ぐことができます。

感情的になると、どうしても冷静な判断ができません。冷静な精神状態であれば、株が下がったときにも慌てずに最適な対処ができますが、感情的になってメンタルがブレた状況では、追加購入すべき場面で逆に売ってしまったり、売らなければいけない場面で逆に追加購入して墓穴を掘ったりと、正しい投資行動を取れません。

そうした感情に揺さぶられる取引をしないためには、「買った株が下がる」ことを念頭に置いて、

最初から下がったときの対処プランを立てておくことです。

プロの機関投資家ですらも、感情的な取引をしてしまうことがあります。新型コロナ禍が本格化し、自粛が求められる状況の下で機関投資家は国債を大量に買い込み、株式を売る動きが強まりました。後から考えると当時の利回りが低い水準（価格が高い）で国債を購入するのは、リスク・リターンの面から「割が良くない」というのは冷静になればわかることです。しかし当時の混乱状況とコロナへの先行き不安が広がっていた中では、プロである機関投資家も冷静さを欠き「とにかく安全策を取ろう」としてしまい、その結果、株式を売り、リスクのある利回りが低い（価格が高い）国債を大量に買ってしまったわけです。

皆さんもご存じの通り、その後株価は戻し（コロナ前より高値となり）、逆に国債は世界的なインフレが続いていることで下落し続けています。特に体力のない地銀をはじめ、金融機関は高値で掴んでしまった国債の評価損に苦しんでいるのです。

プロ中のプロである機関投資家でさえそうなのです。我々個人投資家は一人で投資していますし、日々のニュース、私的な出来事などで冷静に投資ができなくなることはままあります。株が下がっているときは、どうしても気持ちも沈んでしまい感情的な行動をとってしまいがちです。

ですが、株式投資をしている限りは下落相場への向き合い方を学ばなければいけません。株が上がっているときは誰でも勝てますが、下がっている局面で「損切り・買い増し・様子見のいずれの選択を取るか？」を考えていくことが大切です。

特に新ＮＩＳＡでは非課税投資枠を意識しながら投資することになるので、買い付ける銘柄の選定から追加投資、売却にわたり、戦略に応じたスタンスを確立しておくことが将来的な資産増加につながります。

ヘタなナンピンするべからず

どんなに銘柄選択で有望銘柄を探し出して買ったとしても、株式投資ではすべての銘柄が値上がりするわけではありません。有望だと目星を付けた銘柄でも値上がりしないどころか値下がりすることも珍しくないのです。そこで見切りをつけて損切りできればよいのですが、なかなか簡単にはいきません。損切りするには勇気ある決断が必要だからです。

下げた銘柄を保有しているだけならまだしも、損失を取り返そうとして〝ナンピン〟してしまうケースがあります。

ナンピンとは〝難を平らにする〟という意味で、値下がりした銘柄を買い下がる（追加購入する）ことで平均買い単価を下げることです。たとえば１０００円で１００株購入した株を５００円でナンピン（追加購入）すると平均コストは「７５０円」に下がるのですから、長期投資でコストダウンを図るにはうってつけの方法です。

平均コストを下げつつ持ち株数を増やす有効な手法のナンピンですが、この手法を使う際には気をつけないといけないことがあります。

事前に買い下がることを目的とした計画的な分割売買ならばいいのですが、そうした意図もなく、ただ感情的になって「負けているから取り返そう」という気持ちで行うナンピンは危険です。損失を回避するどころか、さらに傷口を広げて大きな損失を発生させてしまうこともしばしばあります。

特に旬の話題に乗って値上がりしたテーマ株は、いったん上昇の勢いがなくなり下落し始めると、再度上昇に転じるまでに時間がかかることが多いもの。「ひと相場終わった銘柄」として市場で見なされるために、資金がなかなか入ってきません。それどころか、高値を買ってしまった投資家からの見切り売りが出るために売り圧力が強くズルズルと下がっていくケースが多いのです。株式投資にナンピンは付き物ですが、ヘタなナンピンは損をさらに膨らませてしまうのです。

一般口座でのナンピンはまだしも、新NISAでは非課税枠に制限がありますから下がった銘柄を追加購入する際には特に注意が必要です。

購入当初からのプランで、下がることも念頭に置いて「下げたら追加購入しよう」と計画してあるナンピンはいいのですが、感情的な無計画のナンピンは非課税枠も無駄に使うし、かつ損失も増えるという最悪のパターンになってしまいます。新NISAでは一般口座以上に追加購入（ナンピン）にはくれぐれも注意しましょう。

特に値下がりしている銘柄が成長株のときには要注意です。需給などの株価のリズムで下げているならまだしも、その銘柄（企業）の成長性に変化が生じて売られているなら〝撤退〟です。自分の見込みと違って成長性が失われてしまったときは躊躇せずにポートフォリオから外す（売る）べきです。

自分の予測と違ってしまったら躊躇なく損切りする。新NISAで非課税措置が無期限だからと「いつか上がるだろう。それまで売れずに待とう」などといつまでもマイナスを抱えているより、失敗は失敗と処理したほうがすっきり楽になれます。

一般口座はもちろん、新NISAでも、たとえ損失が出ようとも損切りできることが大事です。その損切りが次の投資の糧になります。

株が下がったときの対処法（そのリスク）

「追加購入」（ナンピン）
・株価下落時に追加購入することで株数が増えて平均コストが下がる➡投資枠を使ううえに損失拡大のリスクあり

「様子見」
・売り買いせずにそのまま保有➡投資枠が回復しないうえに売り時あるいは買い時を逃すリスクあり

「撤退」
・見切りをつけて売り➡投資枠は回復するが、その後値上がりした場合にダメージあり

※株価が下がったときは上記の3パターンのうちいずれかを選択

『〝買った株が下がることが当然ある〟と考えて、最初から下がったときのプランを立てておくことが大事』

〝ダメ銘柄〟を掴んだら躊躇なく損切りを！

第1章で私は新NISA口座で取引する際の注意点として、損切りした銘柄の損金について「損益通算ができない」というデメリットをご説明しました。新NISA口座での利益との相殺はもちろん、一般口座での取引で得た利益との相殺はできず、さらに「繰越控除」もできないため、新NISAでの損切りは、ただマイナスを計上するだけで、〝税の還付〟という観点からすれば投資家にとってメリットはないとお伝えしました。

とはいえ、ここで勘違いしていただきたくないのは、だからといって「新NISA取引では損切りしないほうがいいのか」というと決してそんなことはありません。

いいえ、むしろ新NISAだからこそ、損切りしなければいけないケースもあります。

「新NISAだからもったいない」「いつか上がればいいや」は禁物

以前から私自身が実践している〝中長期投資〟は、決算数値などの公開されている情報をもとに、今後も成長していく銘柄を探し出す投資法です。しかし投資とは不確定な将来に向けて資金を投じることですから、成功することもあれば当然失敗することもあります。

たとえば将来の成長性を見込んで買った銘柄が予想に反して、途中で成長性が途絶えてしまうこともあります。特にそうしたケースが多く見られるのが、いわゆる〝成長株〟で、中でも〝小型成長株〟と呼ばれている銘柄です。

安定した配当を継続して出し順調に経営している企業と比べて、今後の成長を期待して買われている成長株は値動きも激しくなることが多く、中には期待通りに大きく上昇する銘柄もあれば、横ばい、あるいは下落する銘柄も多々あります。いくら銘柄分析を重ねて狙い銘柄を絞ったとしても、成長株投資でバシッとすべてを当てるのは至難の業。むしろ予想に反して成長が伴わず、上がらないどころか値下がりする銘柄のほうが多いともいえます。

株式投資でよく見られるのが、そうした銘柄にこだわってしまい、見切ることができずに、ずるずる保有し損してしまうケースです。当初の見込み通り成長しないということはその時点で〝成長株〟ではなくなったわけですから、本来ならば潔く撤退すべきところを見誤ったための失敗です。「ダメ」とわかった時点で、すぐに損切ればよかったものの、「いつかは株価が戻るのではないか」と、株価の戻りを期待してしまうために損切りできずに結果的には損を抱えてしまうことになります。

一般口座ですら損切り銘柄の見切り売りは難しいのですが、新NISAではさらに難しくなります。

損切りしなければいけない銘柄でも「でも新NISA枠だからもったいなくない？」などと余計

なことを考えてしまい損切りできないケースです。非課税だろうが何だろうが〝損は損〟として損切りしないといけないのですが、ついつい新NISAを意識して持ち続けてしまう。

「非課税期間が無期限なんだから、いつか戻ればいいいだろう」

〝無期限〟という投資家にとってのメリットが逆にデメリット（足枷）になり、損切りすべき銘柄をずるずると持ち続けて下がり続けることにもなりかねません。

株式投資をしている以上（特に成長株投資の場合）、一定の確率でババを掴むのは避けられません。〝ダメ株〟を掴んでしまったときには「新NISAだからもったいない」などと躊躇せずにポートフォリオから外す（売る）べきです。

損切りすべきものは損切りするのが一石二鳥

同じ下げでも市場全体の下げに伴う下げであったり、一時的な業績の悪化（業績回復の目途あり）、本来の業績とは関係ない不祥事、株価のリズムによる上げ下げ……などによる株価の下げの場合には何も慌てて売る必要はありません。それこそ新NISAのメリットである〝非課税無期限〟という時間の有利性を利用して株価が回復するまでじっくり保有して待っていればいいでしょう。配当株であれば、株価低迷していても配当は入るため心理的なプレッシャーも少ないと思います。

そうした銘柄であれば、投資枠に応じて持ち株を増やす〝ナンピン買い〟も有効な手段の一つで

■「バルミューダ」の株価チャート

扇風機や調理家電などの高い機能性やデザイン性が高い評価を受け、マスメディアでも話題になったことで注目を集め、株価は一時10000円台をつけたが、業績の悪化、スマホ事業の失敗などから人気離散。株価は1000円台へと下落し低迷を続けており、株価再上昇の目途は立っていない。小型成長株の成長性見通しが崩れた典型的な例。

す。すでにご説明したように、ナンピンは取得コストを下げつつ保有株数を増やす投資手法です。

しかし一方では有効な投資手法であるナンピンも、いざ新NISAに関していうと〝最悪の一手〟になる可能性があります。特に新NISAで小型成長株に投資した場合、その銘柄の成長性の見込みが外れたにも関わらず〝枠〟にこだわって「ナンピンしよう」などと資金を突っ込むと傷口を広げることになります。

成長株というのは将来の成長を見込んで、現状の価値の何倍にも割高に買われているケースが多いものです。その成長という〝価値〟が剥がれた途端に株価は一気に1／10に落ちてしまうこともよくあります。そこまで落ちた株価はよほどのことがない限り、元の値段に戻ることは難しいといえます。「新NISAだからいつか戻ればいいや」などと安易にナンピンすると、損失を広げるうえに、投資枠も使ってしまう〝二重の悪手〟を打つ可能性があるのです。

そもそも一般口座でも損切りは難しいもの。そこに〝新NISA〟というバイアスがかかることで余計に損切りしずらくなってしまいます。

株式の格言に「ヘタなナンピン、すかんぴん」というのがありますが、新NISAでもヘタにナンピンすると損をさらに膨らませて自分の首を絞めることになります。

新NISAであろうと「損切りすべきものは損切りする」。

ダメな銘柄を見切ることは〝傷口を広げずに、枠を広げる〟まさに一石二鳥の手法なのです。

新NISAでの〝損切り〟ポイント

「損切りすべきケース」

・成長株（特に小型成長株）の成長予測が崩れたとき⬇将来の見通しが〝暗い〟

「損切りしなくてもいいケース」

・市場全体の下落などの一時的要因で下げた場合⬇将来の成長性に変化なし

※「安易なナンピンは二重の悪手」（投資資金＋新NISA投資枠の拘束）

要点

『ダメな銘柄を損切りせず「いつか上がればいいや」は禁物！』

値上がり株の〝利確タイミング〟は？

新ＮＩＳＡで個別株投資をする場合には中長期保有が基本となりますが、その中でも利益確定が必要なタイミングがあります。

それは「業績と比べて株価が著しく上昇したとき」です。

何らかの好材料が出る、テーマとして物色されるなど、株価が急騰した場面では利益確定売りを考えるタイミングです。

〝好材料株〟や〝テーマ株〟として市場の注目を集めだすと一気に株価が急上昇することがありますが、こうした場面に出会ったときは要注意です。短期的な投機家の資金が大量に入ってくるため実力以上に株価が上がるケースがあるのです。「このままどこまでも上がりそう」という〝錯覚〟を感じたら、脳内にアラートを鳴らしてください。

短期的な材料で跳ね上がった株は、ブームが終われば下がります。ブームが去った株は高値から半値になることも珍しくありません。いくら中長期で目をつけた有望株であろうと、こうした値上がり局面では売ったほうがいいでしょう。

その場合、もちろん一括で売却して利益を確定するのもいいのですが、一括で売却せずに、様子を見ながら分割で売っていくのもいいでしょう。これは〝売り上がり〟という手法ですが、一部で利益を確定しながらさらに値上がりも狙えます。逆に値上がりが止まって下落し始めたとしても、すでに一部は利益を確定しているのでいつでも売ることができます。

この〝利益を確定している〟という状態にいることで、メンタルが落ち着いて冷静な判断ができるのです。

小型株であればあるほど値動きは激しくなります。保有銘柄がいきなり急騰を始めたら、そのネタ（テーマや材料）の賞味期限を考慮して、少しづつ売却していきましょう。たいていのケースでは、あとで割安で買い戻せるパターンが多いものです。有望な銘柄であれば、いったん売却した後でも非課税枠があれば（あるいは復活したら）買い戻せばいいのです。

中長期投資が基本の新ＮＩＳＡでも、短期的に株価が急上昇した場合には〝利益確定の売却〟を頭に入れておいてください。

株価が2倍になったら一部売却

では短期急騰銘柄以外、新ＮＩＳＡで保有株を売るタイミングはいつがいいでしょうか？

私も実践していてわかりやすい売りタイミングは「シンプルに株価が2倍になったときに半分利益を確定する」という方法がおすすめです。

2倍になった株価はさらに伸びていく可能性が十分にありますが、一定割合を売却することで、残りの株価の取得単価が下がります。

たとえば平均取得単価300円の株を1000株保有していたとすると、取得価格は30万円になります。その株が600円になったところで半分の500株を売却します。すると非課税口座なので税金を取られず、売却額は30万円になります。つまり、その株式に対しては投資額（30万円）を回収することができました。

その結果、残りの500株は元本を回収済みの〝恩株〟、早い話が購入金額0円、コストゼロの〝タダ株〟ということになり「いつ売っても利益になる」状態となります。

こうなれば心に余裕を持ってさらなる上昇局面に備えることができます。相場の状況次第で下がってくれれば再度購入することも簡単です。上がって嬉しい、下がって嬉しいのメンタルで相場に臨むことができます。

もちろん全株保有し続けていた場合と比べれば、その後値上がりしたときの利益は半分になってしまいますが、2倍とはいわずとも上昇過程のどこかで利益をある程度確保しておくことは大切です。

「ああ、あのとき売っておけば良かった……」とならないように、下落のリスクを軽減することは株式投資の基本戦略です。

■「エムスリー」のチャート

国内だけでなく世界中の医者が利用するメガプラットフォームを運営するエムスリーは、2013年当時の400円程度から大台を2つ変えて、テンバガーを超える"25倍バガー"もの暴騰劇を見せたがその後下落に転じ、大天井をつけた株価から1/4に。エムスリーの2021年の年初の大天井株価での予想PER（株価収益率＝１株当たり純利益に対して株価が何倍になっているかを示す）は150倍と超割高。割高な成長株の9割くらいが、このような株価推移となる傾向にある。現在はインフレ状況にあるため、割高株はより売られる環境にある。２倍とはいわずとも、ある程度のところで利確しておかないと痛い目を見ることになりかねないので要注意！

非課税枠にこだわって持ち続けずに利益確定（あるいは損切り）

新ＮＩＳＡでも保有株を売却することの必要性は、保有銘柄を売ることで成長投資枠が空くので他の有望銘柄を仕込むことができるようになることも挙げられます。

新ＮＩＳＡでは１８００万円（個別株式では１２００万円）という非課税枠を意識して投資することになります。旧ＮＩＳＡのときと異なり、投資枠を使い切っている場合でも、売却した分（取得価格）については翌年に枠が復活するので（その年すでに１８００万円の非課税投資枠〈つみたて投資枠と成長投資枠の合計〉を使い切っている場合）、もう一度非課税枠を使って投資をすることができます。

たとえば、1200万円分の株式を新NISAで購入して成長投資枠について非課税枠を使い切っているときに、保有銘柄を200万円で売却した場合、その銘柄の取得価格が100万円であれば、翌年には〝100万円〟の成長投資枠が復活します。

新NISAは枠をなるべく利用することが重要ですが、ある程度非課税枠が埋まってきたら、非課税枠にこだわって持ち続けずに利益確定の売りをすることも大切なのです。

株を保有し続けて利益を伸ばすには〝増収増益〟基調であることを確認していくということも必要になります。企業の株価は最終的には〝どれだけ稼ぐことができたか〟つまり利益水準に左右されます。「今後も業績が上向くだろう」という期待が株価を押し上げていきますから、基本的には増収増益基調が崩れない限りは保有し続けることで利益を増やすことができます。

ただし、その基調が崩れたり、増収増益であっても当初の見込みより成長率が下がると株価の上昇も止まり下落します。その企業に何らかの変化が生じて、右肩上がりに上昇していた株価のトレンドが変わり明らかに値下がりしてきたら、ある程度下落したところで売ることを事前に決めておいたほうがいいでしょう。

たとえば「高値から2割下落したところで売る」などのリリースポイントを設定しておけば、ズルズル落ちていくのを持ち続けて損が拡大する（あるいは利益が減少する）のを防ぐことができます。それが損切りであったとしても設定価格まで落ちたら売る。そうしたディフェンシブなメンタルを持つことも大切です。

本書でおすすめしている配当株中心に投資するといっても、やはり投資の前提条件が崩れてしまった場合には撤退したほうがいいでしょう。業績が安定していることを前提に投資していたのであれば、一度損切りすることも検討する場面になります。

時間を味方につけることができる新ＮＩＳＡであっても「いずれ戻すだろう」などと安易に考えずに、事前に設定したリリースポイントに到達したら躊躇なく売ることで含み損を長期間抱えることを避けられ、さらに非課税枠も再利用することができる。中長期保有が基本の新ＮＩＳＡでも〝売り〟は重要なのです。

利確のタイミング

「材料株、テーマ株として注目されて業績と比べて株価が著しく上昇したとき」
⬅実力以上に株価が上がる
⬅ブームが去ると半値に下がることも

「株価が2倍になったとき」
⬅保有株数の半分を売却
⬅コストゼロの〝タダ株〟にして安心して保有

「その企業の内容が変わったとき（増収増益基調が崩れる……など）」
⬅上昇トレンドの変化⬇リリースポイントを事前に決めておき売却

※保有銘柄を売却することで「非課税枠」が復活し再利用可能（投資枠が増える）

要点
『中長期保有が基本の新ＮＩＳＡでも〝売り〟は重要』

指値は冷静なときに入れよ！

証券会社のページにログインすると、様々な情報がてんこ盛りです。あの手この手で取引してもらおうという仕掛けです。着実な資産運用としての側面もありますが、エンタメ・娯楽の側面もあるのが株式投資です。信用・先物なども含め、株式投資を頻繁にしてくれる投資家がいないと証券会社の経営は成り立ちません。資産形成のためインデックスファンドをコツコツと買い付ける投資家が増えるのは経済全体としては喜ばしいことですが、それだけでは証券会社は儲かりませんから、思わず投資したくなるような仕掛けを用意しています。

すでにご説明しましたが、取引時間中にリアルタイムで株価動向を知ることができる株価ボードは便利なツールですが、中長期投資スタイルの投資家にとっては最大の敵にもなりえます。頻繁に価格が変更される株価ボードを見ていると思わず取引のボタンを押してしまう人もいるでしょう。

相場に張り付く時間が長くなればなるほど、冷静なメンタルではいられなくなります。ついつい短期の値動きに目が眩んで、利益確定してしまったり、値下がりが怖くて損切りしてしまったり。中長期狙いであれば儲かる銘柄でも、メンタルがブレたせいで利益に結びつけることができないケースも出てきます。新NISAでじっくり保有して非課税を享受しようと購入したはずが、株価ボードを見ていることで突発的に売買したい衝動に駆られてしまうのです。中長期取引をするつもりでいても、ついつい値動きにつられて売り買いしたり、目についた銘柄に飛びつき買いしたり、当初の狙いと違う短期売買をしてしまうものです。

そういう意味では相場チェックの時間が長くなると、取引口座を開いている証券会社もある意味では〝敵〟になります。

「もっと上がるはず」と願望で指値を変更しない

株式投資で「買い時と売り時、どちらが難しいか」と聞かれたら、ほとんどの人が「売り時が難しい」と答えるでしょう。通常株価はジグザグしながら上昇していきますから、買いのタイミングは比較的ゆったりと計ることができます。

一方で、売り場はその時々の状況によって異なります。「ここで売ろう」と売り指値を入れて無事に利益確定させたとしても、その後株価がさらに上昇することもままあります。いえ、株価の天井に指値を入れて売ることなどほぼ不可能に近いので、しばらくは上がっていく株価を横目に見ながら、「もっと持っていれば儲かったのに、早く売りすぎたかな」と後悔するほうが多いものです。

売り時を正確に見極めることは至難の業です。「ベストな売り時は?」と聞かれても、これといった答えはありません。自分の買い値や投資プランに応じて、ある程度のところで利益確定をするわけですから、自分が売った後に値上がりしても気にしないように自分で折り合いをつけることです。

売るときによくやりがちなミスに〝指値の変更〟があります。

持ち株が順調に上昇していき、「そろそろ売ろうか」となったときに、たとえば株価が800円で推移している株式について、〝1000円〟で売り指値を入れたとします。しかし1000円くらいまで上昇してきたときに、株価チャートを見ていたところ、「ここまで来たのだからもう少し上がるはず」と考えて〝1200円〟に指値を変更してしまう。ところが株価は1100円まで上昇したものの、そこで勢いを失って1000円より下げて900円台に突入して売り時を逸してしまう（あるいは最初の指値より下の値段で売ることになる）。これは大変よくあるパターンです。

株価の動きを見ながら指値を入れると、自分の希望（願望）が含まれた指値になってしまいます。このような冷静ではないときの指値はうまくいきません。

もともと冷静な状態で指値をしていたときには、一定の利益が取れて、かつ約定する確率が高い値段を無意識に選択していたはずです。しかし目の前で株価が上昇し続けている様子を見て、ついつい指値を動かしてしまうというのはよくありません。何より自分で作ったルールを破ってしまうことになりますので、規律のある取引がしにくくなり、感情的な取引を繰り返すようになってしまいます。

株式取引はいかに自分の感情をコントロールして取引をしていくか、「もっと儲けたい」という

■「エニグモ」のチャート

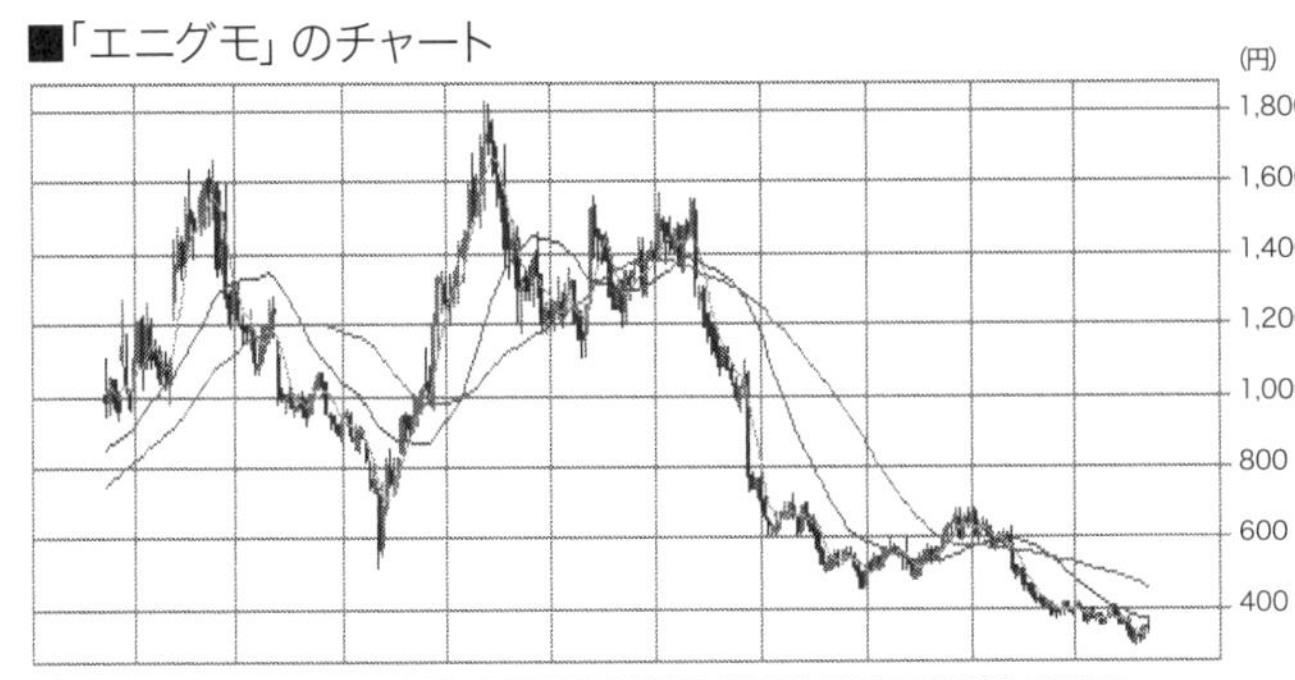

順調に株価が上昇している最中は「１８００円」の高値を付けても「もう少し上がるはず」と思い、１８００円で出していた指値をさらに上に変更してしまうもの。ところがその後株価は下落に転じて１８００円を付けることなく４００円以下まで下落。「あのとき売っておけば良かった」と後悔することに。

欲望と、「これ以上損したらどうしよう」という恐怖のはざまで揺れ動く気持ちを律し、自分の描いた道筋に沿って着実に歩みを進めていけるかどうかというゲームです。

いったん「売る」と決めて売り指値を入れたら、目先の株価の動きに惑わされず、自分の指した株価になるのを待っていればいいのです。極端にいえば、売り指値を出したことすら忘れてもいいほどです。

売り指値は冷静な判断ができるときに出しましょう。そしていったん出した指値は株価の動きに合わせて変更しないこと。

「もう少し上がるはず」という判断は「もう少し上がって欲しい」という願望に他なりません。「あのまま１０００円で指しておけば良かったのに……」と後悔することはよくあります。自分の〝スケベ心〟に負けて指値を変更して後悔しないようにしてください。

売り指値は冷静なときに出す

よくある失敗

売り指値「1000円」
⬅ 株価の上昇を見て「1200円」に指値変更
⬅ 1200円まで届かず株価下落
⬅ 売り時を逃して後悔
⬅ その後ずるずる下げて1000円割れ
⬅ 売るに売れずに仕方なく保有し〝塩漬け株〟に

※「もう少し上がるはず」＝「もう少し上がって欲しい」という願望

要点

『株価の動きに惑わされて指値を変更しないこと』

利益確定するときは抱き合わせで含み損銘柄を売れ

株式投資をしていると多額の利益確定の瞬間が訪れることがあります。苦しい含み損の局面に耐えて、トントンに戻ってきたときも我慢して、さらに株価が上がって利益が膨らんでも我慢して、ようやく目標とした株価に到達したところで、狙い通りに指しておいた売り指値で売れているときの高揚感は何にも勝ります。それはまさに株式投資の醍醐味といえるでしょう。

そうして得た利益をどう使うのかは、その投資家のスタイルにもよります。利益をそっくりそのまま投資資金として回す人もいれば、利益の一部を投資資金に回す人もいるでしょうし、利益はすべて別の用途に使ってしまう人もいるでしょう。もちろん株式投資で得たお金は自分が好きに使っていいのですが、大きな利益確定をしたときには、もう一つ〝して欲しい仕事〟があります。

それは「ポートフォリオに含まれている含み損銘柄を抱き合わせで売却すること」です。

たとえば100万円の利益を確定したときに、50万円の損失が出ている銘柄を合わせて売却してしまうのです。

人間心理というのは不思議なもので、単独で含み損の銘柄を売却することには抵抗感があっても、利益確定したときであればその範囲内で損失を出すことには寛容になれるのです。

先ほどの例でいえば、実際には１００万円の利益が50万円に減っている、つまり50万円の損失が出ているにもかかわらず、50万円の利益に目が行くことで「儲かった」気になり、50万円の損失を痛いと感じなくなります。

損切りは投資するうえでの〝必要経費〟

この方法のメリットはチャートを見たりせずに機械的に売却することで、常に損失をポートフォリオから減らすことができることです。マイナスしている銘柄を売ることでポートフォリオが〝キレイ〟になります。ポートフォリオからマイナス銘柄が消えることで精神的にクリアになれます。

もちろん新ＮＩＳＡの無期限非課税という優遇制度を利用して「売らずに上がるまで待つ」という長期保有戦略を取る方法もあります。しかし株価が大きく調整している銘柄は反発することもありますが、現実的にはそこからの反発よりも低い価格でダラダラと値動きを続けることも多いもの。そう考えるとマイナス銘柄は損切りして、翌年以降の投資枠を空けておくのも新ＮＩＳＡの効率的な戦略といえます。

投資する際には〝なるべく業績が良いもの、将来性があるもの〟に投資をするわけですが、それでもすべてが当たるわけではありません。購入したそばから下落すると損失をいきなり抱えることになります。株価が下がってきて上昇の見込みもないとすれば、投資を続けている意味がありません。損切りをして投資枠を空けて、次の有望な銘柄に備えていくだけです。

　損切りはいわば〝儲かる銘柄を見つけるための経費〟といえるでしょう。ビジネスをしていれば、不採算部門からの撤退というのはよくあることです。株式投資でも同じことをやるというイメージを持ってください。有望だという判断を〝間違えだ〟と認めるわけですから損切りは苦しいですが、「事業の撤退」「経費」と考えると少しは楽になるでしょう。さらに利益が出ている銘柄と抱き合わせで売ることで、よりダメージが少なくなります。

　株式を保有していることで、自分の持ち株については〝下がらない理由（上がる理由）〟を探してしまうものなのです。その結果、売るに売れずマイナスを抱えたままズルズルと持ち続けてしまいます。利益確定場面は、そうした〝腐れ縁〟のようなズルズル銘柄とお別れするチャンスです。利食いと抱き合わせで損切りすることでダメージを受けません。

　そして銘柄によっては、一度損切りをしてから再度入るタイミングを図るのも手といえます。その銘柄を一度手放したからといって、ずっと取引してはいけないというルールはありません。有望銘柄であれば、タイミングを見て再度ポートフォリオに組み入れて構いません。

　同じ銘柄を保有するにせよ、ずっとマイナスで抱え込んでいるよりも、一度マイナスを消してキレイにしてから再度保有しているほうが気分的にもスッキリします。

　大きな利益を確定する際には、含み損銘柄をセットで売ることを忘れないようにしてください。

含み損銘柄の処分の仕方

利食いで大きな利益を獲得
↓
含み損銘柄を抱き合わせで売却
↓
ポートフォリオからマイナス銘柄を消去

例）プラス銘柄を売却「100万円の利益」・マイナス銘柄を売却「50万円の損益」

「100万円−50万円＝50万円」
↓
結果：50万円の利益を得てポートフォリオもキレイに

※損切りは株式投資というビジネスにとって必要経費

要点

『大きな利益が出たときは抱き合わせで含み損銘柄を売る』

自分に合った投資プランを作ろう！

株式投資では「資産を増やす」という目的は共通しています。ですが資産運用という山を登るためのルートはたくさんあります。のんびりとした山道を景色を眺めながらゆっくり進む道もあれば、険しい山道で一気に登るという方法もあります。

どの方法がいいのかは一概には言えません。個人投資家は、持っている資産、毎年の収入、これまでの投資経験、投資に対するリスク耐性、性格、独身または既婚（扶養家族がどれくらいいるか）、好きな銘柄、仕事で得てきた経験、相場を見ることが日中できるかどうか……など、十人十色だからです。

とはいえ、最初は自分でもどのやり方がいいのかわからないものです。インデックス投資派の中には、最初は個別株投資をしていたけれども、うまくいかないのでインデックス投資にしたという人もいますし、逆に全額インデックス投資では面白くないので、一部を個別株投資にして会社の将来性を読みながら自分なりに予想を立てて株式相場に臨むのが好きという人もいます。

結局は株式投資を実際に行い、いくつかの経験をしてから自分の投資スタンスが決まってくるものです。ですから最初の数年間は短期投資・長期投資のどちらが向いているか、自分で経験を積みながら自分にしっくりとくる投資法を探していくことが大切です。

基本的に私は中長期投資をおすすめしており、自分でも中長期銘柄を中心にポートフォリオを組んでいますが、実際にご自分でやってみて「中長期投資は何かしっくりこない。自分はもっと短期で勝負したい」と感じたのであれば、やはり自分に合った投資プラン、投資戦略を取るべきでしょう。

投資プランをメモに書き出してみる

さらに私がおすすめしたいのが、株式投資で資産を増やすという目的を実現するためにはどのような投資手法を採用していくのかを一度自分なりに考え、メモに書き出してみることです。

メモに書き出す内容は人それぞれ、自分の考えたままを書いてください。

たとえば「配当金銘柄を組み入れることにより、10年後に毎月配当金で10万円、年間120万円を得るポートフォリオを構築する」でもいいですし、「世界中の市場に分散投資するインデックスファンドを基本としつつ、世の中を変革するようなスタートアップ企業に投資し、テンバガー（10倍増）を狙う」というようなものでもいいでしょう。

要は自分の今後の投資プラン、株式投資で目指す方向性を明確にするのです。ただ頭で漠然と考えるだけでなく、メモに書き出して文字にしてみることで、頭の中で考えていたことがクリアになり、様々な投資局面でアナタを支える道しるべになります。

万人に共通する正解はありません。１００人の投資家がいれば１００通りの投資プランがあるでしょう。

大事なことは自分に合った投資プランを見つけること。

自分に合った方法で資産形成をするためにはどうすればいいのか。毎年少しずつ見直しながら作成していくことでアナタの投資力は確実に上がっていきます。

状況に合わせて投資プランを見直してみる

私自身、株式投資を心がけてから早くも20年近くが経ちました。その間には様々な市場の変化がありながら、それに合わせて投資プランを考え続けて投資をしてきました。

当初は配当金がもらえる株式を中心に、一部の資産を成長株に入れて、リスクは高いものの大きな成長性を見込むことができる銘柄というものを追加し、その株式の値上がりがあったことで資産が増えていきました。小型成長株は、大きく伸びない大型配当株を横目にスルスルと上昇を続け、2倍、３倍になる銘柄も珍しくありました。

ですが、金利が上昇してくる局面では、やはり株式投資の潮目が変わってきました。成長性がいかにあったとしても、金利が上昇してくる局面では相対的に成長株の魅力は薄れてきます。金利が上昇してくると、安定して資産が増える商品があるのに、まったく配当金を出さない成長株を買う理由が乏しくなるからです。そうした外部環境が変化している中では、成長株中心の投資スタイルを取るのは良い戦略とはいえません。

さらにインフレ基調が高まる中では、割高の成長株、特にこれまで一度天井をつけて大きく下落した銘柄については、もう一度株価が上昇するというのは当面厳しくなってきました。成長株に偏重した投資方針は見直さなければなりません。

そうした状況の下で、株式投資に関するスタンスを見直す中で、やはり自分がこれまでやってきた投資スタンスに戻ることがしっくりくると感じるようになりました。

すなわち、配当株を一定程度ポートフォリオに加えて、一部成長株を入れていくという投資スタンスです。

配当銘柄中心の投資は派手さこそありませんが、派手さがなくても自分がしっくりとくる投資方法を続けることが、やはり株式投資を長続きさせるコツです。特に新ＮＩＳＡでは非課税で配当を受け取れる配当銘柄を中心に資金を運用することが、資産を増やしていくということにもつながっていきます。

理想のポートフォリオとは？

これからの個人投資家は、新ＮＩＳＡの非課税枠を否応なしに意識して投資することになります。

個人投資家にとって1800万円という期間無制限の非課税枠は圧倒的に有利な条件です。この投資枠を使わない手はありません。

個別株投資が好きな人も新NISA時代に入った今、ある程度インデックスファンドを意識します。成長投資枠（個別株式や投資信託、ETFなど幅広い商品から購入することが可能な口座）では、最大でも1200万円しか資金枠がないからです。残りの600万円の枠はつみたて投資枠ですから、1800万円という非課税枠を目一杯使い切るためには、最低でも600万円はつみたて投資枠で長期運用に適したインデックス型の投資信託（一部例外あり）を積み立てなければならないのです。

もちろん、つみたて投資枠だけで1800万円まで持っていくことも可能ですが、つみたて投資枠は年間投資枠360万円のうち120万円までとなっていますので、つみたて投資だけで1800万円まで新NISA枠を使い切るためには15年かかります。

一方、成長投資枠は年間240万円の枠を毎年使い切っていけば、1200万円の限度枠まで到達するのにわずか5年と、1／3の期間で投資金額を積み上げることができるのですから、つみたて投資だけでコツコツと積み立てていくより成長投資枠も利用したほうが資金を運用するうえではより有効だということになります。

ですから、新NISAの枠内で投資する場合には、インデックスファンドを3割〜7割、残りの枠で配当金や売買益を得ることを狙った個別株投資を中心にポートフォリオを組んでいくことがおすすめです。

さらに個別銘柄でも一発逆転の可能性の高い銘柄ではなく、着実に利益を毎年重ねて、しっかりと配当を出している銘柄を選択することが確実です。

そうなると狙い目は〝配当株〟となり、必然的に新ＮＩＳＡ口座内のポートフォリオは配当銘柄が大部分を占めることになります。

どのような投資スタイルを実践するかは自分に合ったスタイルとしか言いようがありませんが、自分に合った投資プランを立て、自分にしっくりくる投資スタイルを見つけて続けることが、「新ＮＩＳＡ投資で資産を増やす」という目的を達成するための必勝法なのです。

理想のポートフォリオ

★「ポートフォリオA」
・成長投資枠1200万円＋つみたて投資枠600万円……5年

★「ポートフォリオB」
・成長投資枠600万円＋つみたて投資枠1200万円……10年

★「ポートフォリオC」
・成長投資枠0円＋つみたて投資枠1800万円……15年

〈年間投資枠を使い切った場合のフル活用までの期間〉

※年間360万円（成長投資枠240万円＋つみたて投資枠120万円）を併用して投資することで最短5年間で非課税枠（1800万円）をフル活用できる

『〝成長投資枠＋つみたて投資枠〟の併用が理想的なポートフォリオ』

〈特別付録〉

狙い目「新NISA株」20銘柄

※企業トップの名称は多岐にわたるが、社長で統一。
※「現在価格」は2023年12月1日現在のもの。「目標価格」はあくまでも目安。
値上がりを保証するものではありません。

長期目線で仕込む待ち伏せ銘柄

sansan (4443)

時価総額：1,887億円

業種 情報・通信業
社長 寺田親弘
特色 クラウド型名刺管理法人向けサービス草分け。請求書データ事業『Bill One』も展開。

昨年来高値	昨年来安値	現在価格	目標株価	狙い目ゾーン
1,985円(23/6/19)	1,070円(23/10/24)	1,554円	2,000円以上	1,200円以下

比較会社 インフォマート(2492)　ラクス(3923)　フリー(4478)

クラウド型名刺管理サービスで首位を独走する「Sansan」、クラウド型請求書サービス「Bill One」が好調。まだまだ市場規模は大きく飽和していないことから、引き続き順調な事業展開に期待。

2025年度は営業利益100億円を目標としている。直近数年間の利益状況では純利益が数億円単位にとどまり、100億円は野心的な数字のようにも見えるが、売上拡大を最優先し、厚い粗利をほぼすべて広告宣伝費、人件費などに投下していることから、直近期の収益性が悪い点には留意。

仮に広告宣伝費等経費を正常化したあとの営業利益率を20%とすると、売上高が30%増のペースで成長し続ければ、2025年には売上が440億円、利益も88億円と会社想定の範囲内に到達する。

積極的なCM攻勢で圧倒的な認知度を獲得し、新興企業でありながら大手企業に食い込んで、優良な法人顧客の名簿を保有していることが最大の強み。新規事業もクロスセルやアップセルで既存顧客に提案しやすい。

どこで急激に利益を出し始めるかは経営陣の判断次第で、事前には予測不可能であることから、長期的視点で仕込んで株価上昇の触媒が働くのを心待ちにしたい。

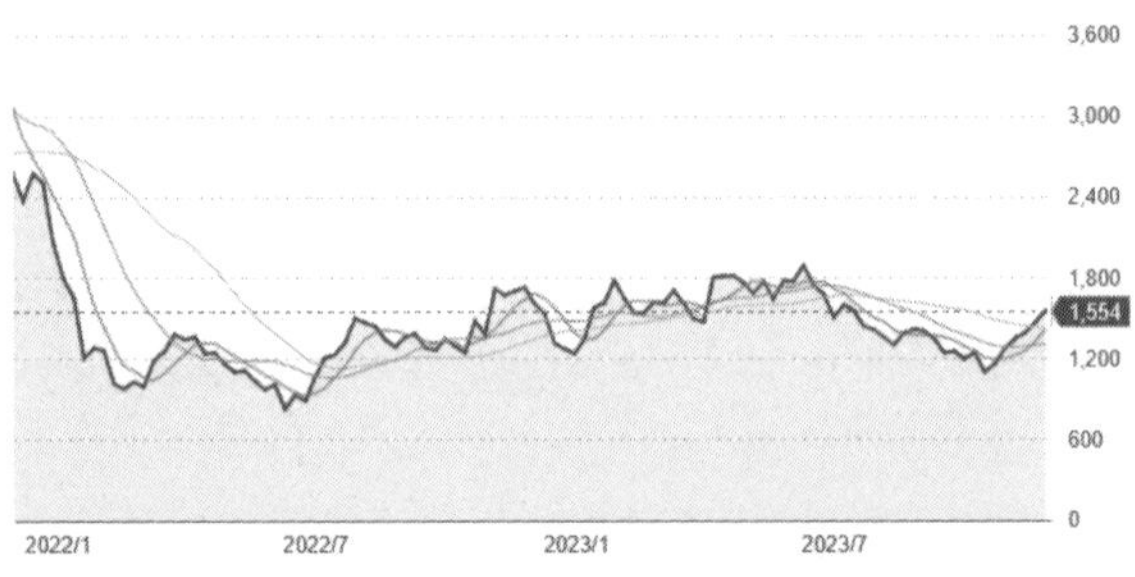

小型M&Aや人材育成事業にも進出。今後の事業拡大を見込む

ブティックス(9272)

時価総額：126億円

業種 サービス業

社長 新村祐三

特色 介護業界向けM&A仲介。事業者向けに展示商談会を開催。人材採用支援も。

昨年来高値	昨年来安値	現在価格	目標株価	狙い目ゾーン
3,090円(23/7/4)	1,294円(23/12/1)	1,310円	3,000円以上	1,300円以下

比較会社 エムスリー(2413)　日本M&Aセンターホールディングス(2127)　シンクロ・フード(3963)

介護やIT業界のB to B展示会が主力業務。年間を通じて全国各地で営業活動を行い、展示会に出店するメリットを提案して出店数を確保している。

新型コロナ禍では展示会会場に多数の業界関係者が集まるという三密の典型事業であったが、コロナ禍も収束し、事業は再び成長軌道。展示会運営で得られたノウハウを横展開してM&Aや人材育成事業にも進出している。

中小企業のオーナーの高齢化にともなう大廃業時代を迎え、事業承継目的を中心にM&Aのニーズが高まっている一方で、大型のM&A業界はライバルとの競争が激しく、後発である同社が入り込むことが難しい。この点、同社は自らの展示会事業で集客した顧客を中心に、同業他社が手掛けない小型のM&Aに特化することで業績を伸ばしている。利益率が高いビジネスに的を絞った形で後発の参入余地がある新規事業の開発力に優れているため、マーケットを探して事業拡大することが見込まれる。

同社の業績は展示会事業の特性上、第一四半期から第三四半期までが赤字、第四四半期で大きく黒字を出すクセがあるが、展示会以外の事業分野が拡大することにより、決算数値が平準化。投資家にとって決算の見栄えが良くなる点も見逃せない。

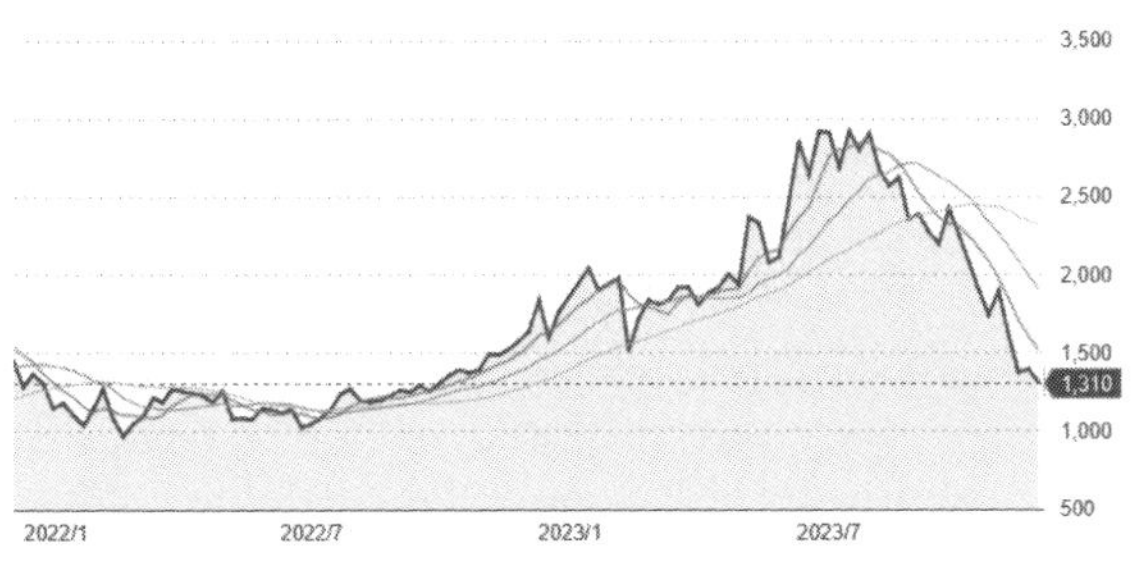

訪日韓国人観光客急増で売上急回復

HANATOUR JAPAN (6561)

時価総額：202億円

業種 サービス業

社長 李炳燦

特色 インバウンド専門の旅行会社。韓国親会社や中国など団体客向け手配業務が柱。バス、ホテルも。

昨年来高値	昨年来安値	現在価格	目標株価	狙い目ゾーン
2,743円(23/8/17)	1,481円(23/1/5)	1,634円	2,500円以上	1,500円前後

比較会社 旅工房(6548)　エイチ・アイ・エス(9603)　KNT-CTホールディングス(9726)

新型コロナ禍が過去のものとなった2024年、海外旅行熱は全世界中で高まっている。韓国人にとって日本は身近な外国として人気が高い。10年来の円安ウォン高となり金額的に手ごろな旅行先となっていることに加え、現尹錫悦大統領政権の対日関係改善外交で政治的な緊張関係は緩和。それらが追い風となり、訪日韓国人観光客は急増し、売上は急回復。コロナ禍でも事業規模を縮小しつつ、オーナー社長が私財を投入して苦境に耐えきった同社のプレゼンスが光る。中国人観光客の取り込みにも積極的で、業績の拡大要因となる。

都内では大型の観光バスに乗る韓国人観光客を目にする場面が増えてきた。同社への投資は「街中で韓国語・中国語が聞こえてくるか」という点にも注目してみるといい。

投資リスクとしては、政治リスクである。伝統的に韓国では国内政治経済のスケープゴートとして反日感情が高まることがあり、政治的な緊張関係が高まると、とたんに韓国人観光客が急減するリスクを覚悟して投資すべき銘柄ではあるが、現大統領在任中は反日感情が高まるリスクは少ないと想定される。小型株だけに全体相場が下落する局面では大きく下落する場面もあるが、業績自体は上振れて推移することが期待できるだけに、押し目買いの姿勢で臨みたい。

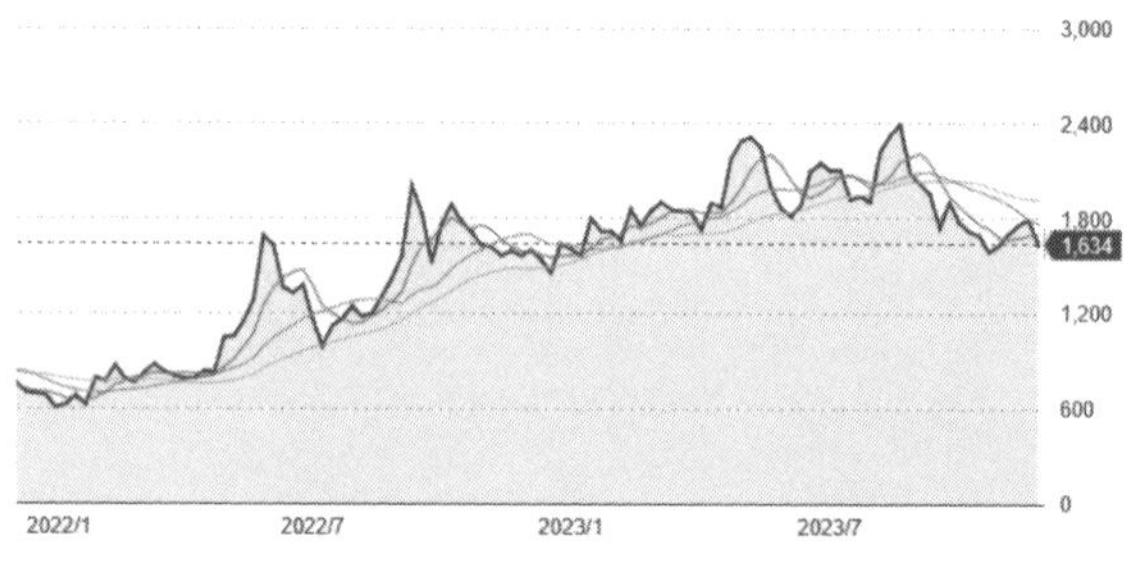

ChatGPTで恩恵を受ける業績好調＋高配当性向銘柄

菱洋エレクトロ（8068）

時価総額：990億円

業種 卸売業

社長 中村守孝

特色 エレクトロニクス商社。三菱電機製やインテル等外国製扱う。リョーサンと経営統合で基本合意。

昨年来高値	昨年来安値	現在価格	目標株価	狙い目ゾーン
3,780円（23/12/1）	2,285円（23/1/30）	3,740円	4,000円以上	3,500円以下

比較会社 リョーサン（8140） 新光商事（8141）

ChatGPTに代表されるオープンソース型生成AIが2022年後半にリリースされてから、このニュースを見ない日はない。直接使ったことがないという人でも、間接的にはすでに対話型のチャットボットなどで触れている人も多い。生成AIの進化は我々の想像をはるかに超えて進歩しつづけ、3年もすれば私たちの働き方が大きく変わっていることは間違いない。

残念ながらChatGPTなどの生成AIの本場は米国で、NVIDIAやMicrosoftをはじめGoogle、Amazon、Appleが勝機ありと莫大な金額をつぎ込んでいる。自動運転よろしく、新規分野に既存の規制の網をかけたがる日本では投資以前の問題で出遅れており、この分野で世界的なマーケットを獲るのはもはや不可能だが、ChatGPTで恩恵を受けると言われているNVIDIAの代理店の同社にとっては格好の商機到来。日本の商慣習をよく知る代理店には、濡れ手に粟の儲け話。

株価は高値圏で推移してきているが、生成AIの今後の将来性を考えれば同社の業績がここ数年は急上昇することは十分想定される。

業績が好調で配当性向も高く、利回り面が株価を下支えしていくはずだ。高値恐怖症にならずに狙っていきたい。

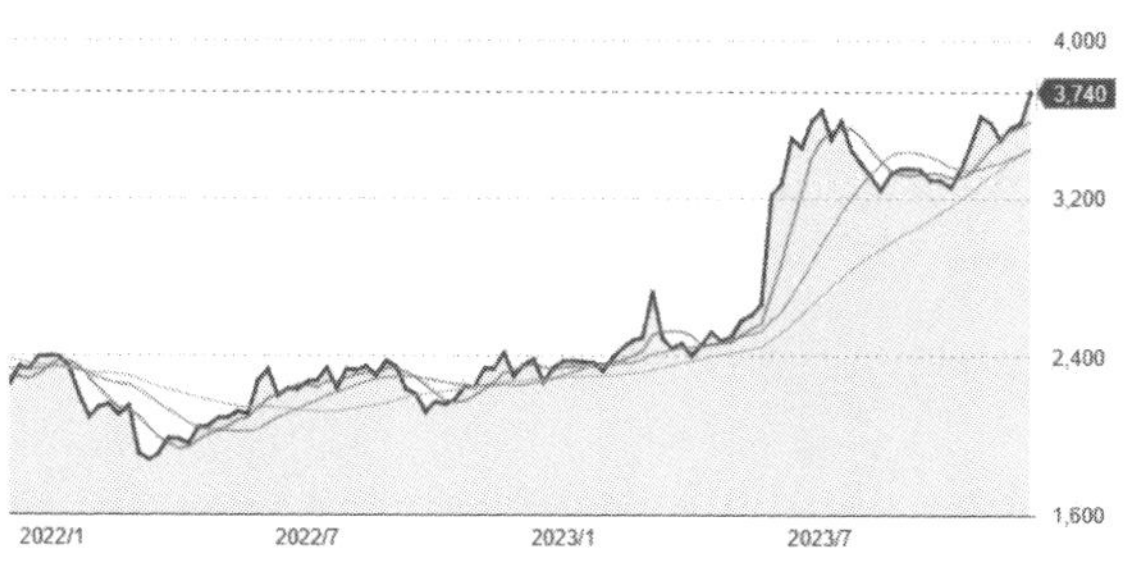

クリーンエネルギー関連で水素事業を推進

岩谷産業（8088）

時価総額：3,650億円

業種 卸売業

社長 間島寛

特色 産業・家庭用ガス専門商社。LPガス首位。合成樹脂、鉱物原料等も。水素事業を次の柱に育成。

昨年来高値	昨年来安値	現在価格	目標株価	狙い目ゾーン
8,040円（23/9/19）	5,360円（23/1/10）	7,141円	8,000円以上	6,500円前後

比較会社 日本瓦斯(8174)　TOKAIホールディングス(3167)　日本酸素ホールディングス(4091)

脱炭素は長期的なトピックとして押さえておきたい。地球温暖化は着実に進行している中で、脱炭素社会の実現に向けた取り組みは今後も巨額の投資が続けられていく国策の成長分野である。

その中でも、CO2を排出しないクリーンエネルギーとして着目されている燃料に水素が挙げられる。同社は70年以上前から工業用の原料としての水素に着目し、これまでに50以上の圧縮水素を使った水素ステーションを国内で運営している。目下、実用化に課題が残るものの液体窒素の研究も進めている。

いずれ原油価格が割高となり、水素などのクリーンエネルギーの需要が高まり、水素ステーションを全国に建設し、水素がエネルギーとして本格的に日本中に普及するようになれば、同社の水素ステーションは生活になくてはならないインフラとなる。

そんな社会が到来するにはあと10年以上はかかりそうだが、産業・家庭用ガス専門商社であり、ＬＰガス販売で首位という強固な事業基盤を持つ同社のこと、業績向上と両立させながら水素エネルギーの開発プロジェクトを他社と共同で進め、成し遂げてしまうだろう。会社のミッションとして水素事業を推進する同社を投資という形で応援できるのも、個別株投資の楽しみである。

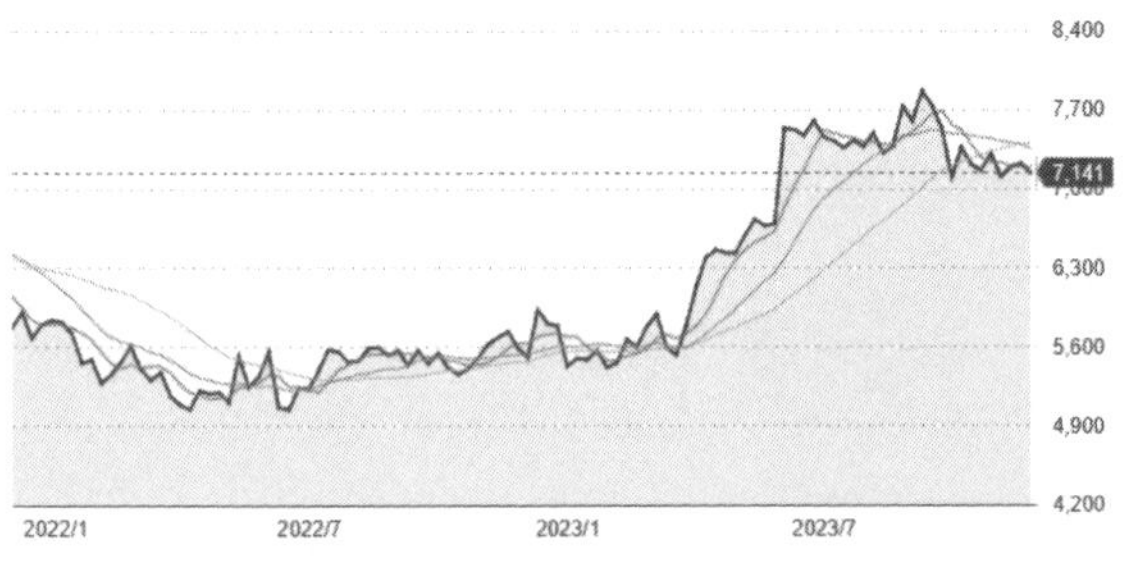

配当銘柄＋インフレ対策の保険銘柄

INPEX（1605）

時価総額：26,110億円

業種 鉱業

社長 上田隆之

特色 原油・ガス開発生産国内最大手。政府が黄金株保有。豪州でLNG案件を操業。

昨年来高値	昨年来安値	現在価格	目標株価	狙い目ゾーン
2,368.5円（23/9/28）	1,301円（23/ 1/5）	2,085円	3,000円以上	2,000円前後

比較会社 石油資源開発（1662） ENEOSホールディングス（5020）

インフレ時代には、株式だけではなくコモディティ価格も強気相場となる。

我々の生活に欠かせない石油・ガスに投資することでインフレヘッジ効果が期待できる。値上がりするものを買っておくのはインフレ時代の基本的な行動。「待っていれば安くなる」という考えではなく、右肩上がりであらゆるモノの価格は上がっていくという思考の転換が求められている。

同社は日本最大の石油・ガス開発会社で、国内外の石油・ガス探査、開発、生産を手がける。オーストラリアのイクシスLNGプロジェクトをはじめとしてカザフスタン、インドネシアなどの国で大規模なプロジェクトを手がけている。持続可能な再生エネルギーの開発にも積極的で、2023年7月には国内初となるブルー水素・アンモニア製造・利用一貫実証試験を開始。

株価はエネルギー価格の急騰による売上および利益の増加を素直に好感して上昇基調をたどり、10年来の高値水準まで上昇してきている。原油価格や天然ガス価格は一時的に下落することはあっても、大幅な下落に転じるというシナリオは考えづらい。配当金も安定的に出しているため、配当銘柄としてじっくりと持ちながらインフレに備える“保険”としてポートフォリオに加えておきたい。

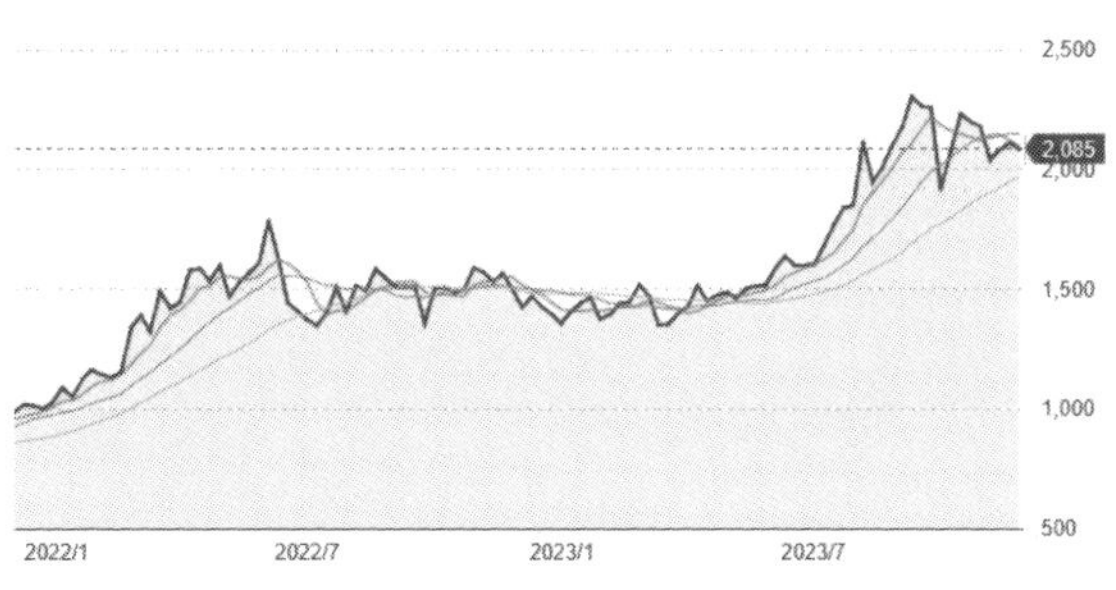

携帯電話事業の黒字化による株価上昇に期待

楽天グループ (4755)

時価総額：12,364億円

業種 サービス業

社長 三木谷浩史

特色 ネット通販で国内双璧。金融、旅行など総合路線。19年携帯電話事業参入、通信インフラ外販も。

昨年来高値	昨年来安値	現在価格	目標株価	狙い目ゾーン
749円（23/5/15）	466円（23/6/28）	560円	1,000円程度	550円前後

比較会社 LINEヤフー(4689) イオンフィナンシャルサービス(8570) リクルートホールディング(6098)

楽天市場と楽天ポイントを中核とする楽天経済圏を着実に築き上げてきた同社が、強固な楽天経済圏を確固たるものにするために唯一持っていなかったもの――それが携帯電話事業である。

ただ、これまで楽天が手掛けてきた事業と異なり、携帯電話事業はいわば全国に高速道路や鉄道網を敷設するのと同じく、巨額の設備投資が必要な事業である。先行するNTTドコモ、au、ソフトバンクは膨大な金額と時間を投資してインフラ設備を整えてきたが、後発の楽天は新規顧客を獲得しつつも投資を続けるという資金繰りの面で苦しい闘いを何年も続けなければならない。

現在はEC事業、金融事業等の事業が絶好調。それでも穴埋めできないほどの赤字が携帯電話事業で生じているが、必死の資金繰りで携帯電話事業が黒字転換することに絶対の自信を見せる三木谷氏の手腕に期待。

プラチナバンドの割当もあり、今後は携帯電話事業の拡大に弾みがつき、黒字化を見越して株価が上昇していくとみる。

投資家にとって“考えたくないシナリオ”としては、携帯電話事業を手放すことも想定されるが、その際は悪材料出尽くしから業績改善期待で逆に買われる場面も想定される。四半期ごとの携帯電話事業の部門別収益には要注目。

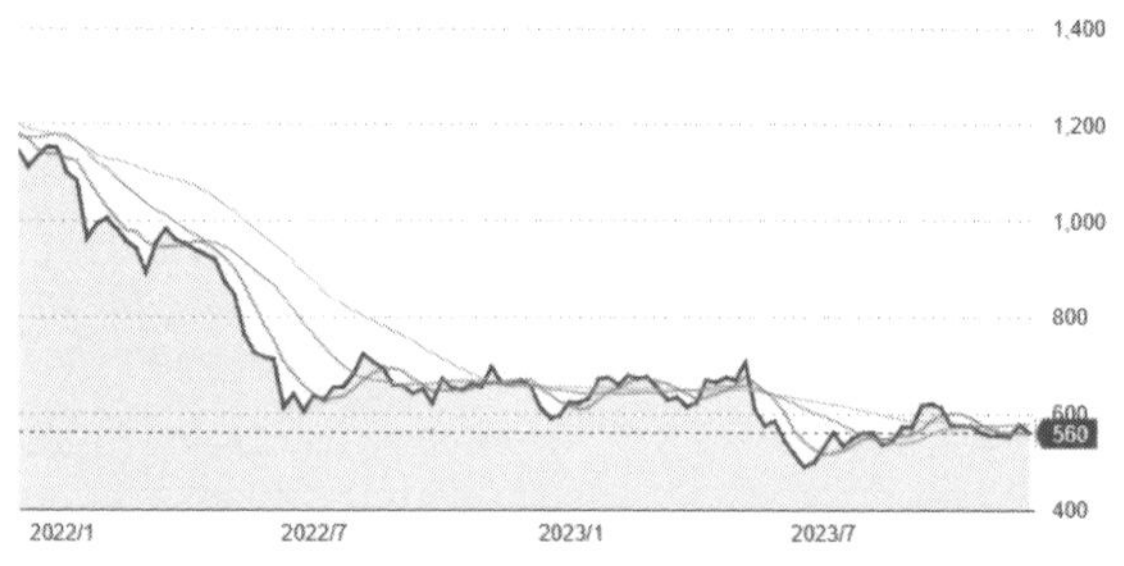

“インフレ＋新NISA”が証券株に追い風

極東証券 (8706)

時価総額：332億円

業種 証券・商品先物取引業

社長 菊池一広

特色 富裕層向け対面コンサルティング営業に特化。新興国など外国債販売に強み。投信にも注力。

昨年来高値	昨年来安値	現在価格	目標株価	狙い目ゾーン
1,104円(23/11/13)	565円(23/1/6)	1,028円	1,500円以上	950円前後

比較会社 いちよし証券(8624)　アイザワ証券グループ(8708)　丸三証券(8613)

新NISAが始まり証券会社には10年に一度の好景気が到来している。

富裕層の対面営業に特化した同社では、株式市場が活況となれば当然、金融資産の回転が効くようになってくる。

足元の決算は好調で、PERから見た株価水準訂正の動きも本格化。なお、証券会社の決算は市況によって大きく左右されるため、決算を見て事業会社のように株価を予測することは難しい。新NISAによってどれだけ資金が流入してくるかを投資家自らが感じているかどうかが投資のポイントとなる。

証券市場は、海外発のインフレによる国内のインフレ波及が続いていることが全体の株価を押し上げていることはもちろん、新NISAでの継続的な資金流入、東証の低PBR改善要請、東証プライム市場上場維持基準の厳格化など、株価を下支えする材料が増えており、しばらくは、株式市場は活況を呈するものと想定される。新NISAが投資家の裾野を広げることに貢献することが明らかになれば、同社の株価の居所はこのままではないだろう。

証券株の魅力は、あっという間の爆発力である一方で“天井高ければ谷深し”という特徴も併せ持つ。高値で半分売却して、冷静にその後の高値でも適宜売却していくことが大切。

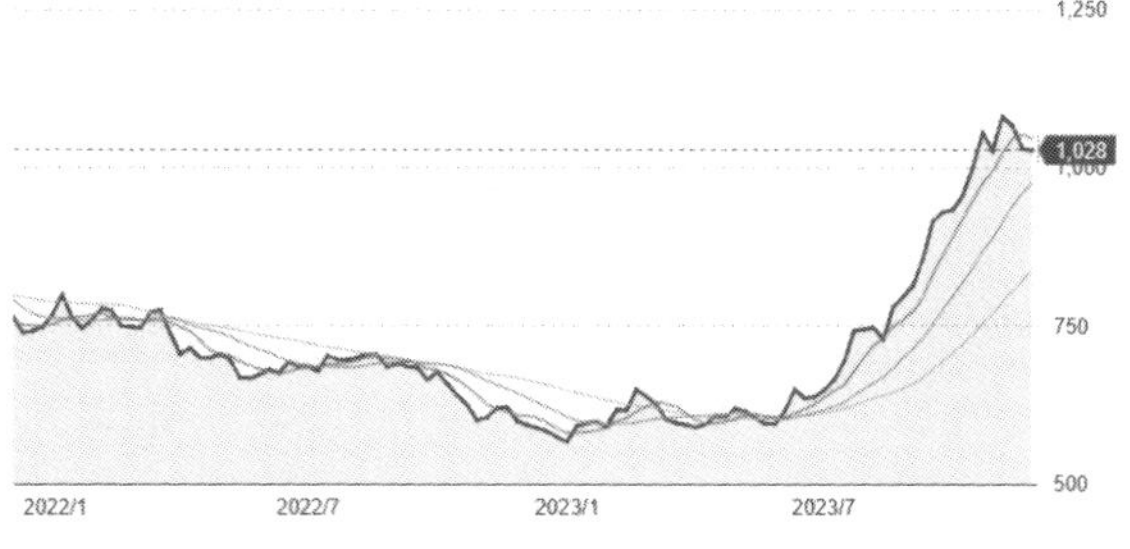

DX化推進により同業他社との収益性の違いが顕著に

北国フィナンシャルホールディングス（7381）

時価総額：1,210億円

業種　銀行業

社長　杖村修司

特色　地銀中位の北國銀行が中核。石川県が地盤。県内融資シェアは4割半ば。21年10月持株会社化。

昨年来高値	昨年来安値	現在価格	目標株価	狙い目ゾーン
5,910円（23/9/20）	3,750円（23/3/23）	4,605円	6,000円以上	5,000円前後

比較会社　富山銀行（8365）　福井銀行（8362）　ほくほくフィナンシャルグループ（8377）

これまで低PBR業種の代表的業界だった銀行は、日銀の超低金利政策という逆風の下では打つ手が限られていた。日銀の政策変更により長期金利がジワジワと上昇を続けており、銀行にとっては融資の利ザヤ拡大に働く。

低金利というマクロ環境から、銀行、とりわけ地銀株は低PBRに放置されてきたが、直近は地銀株も一様に上昇。割安状態の解消というだけではなく、さらなる上値余地という点で見ると、3メガバンクがまず思い浮かぶものの、地銀株の中ではDX化を強力に推進している同社に注目したい。

同社は国内で初めて勘定系のシステムをクラウドに移行させることに成功した。銀行の勘定系はセキュリティと安全性を最優先としたメインフレーム設計（外部と断絶されていて、独自に動くシステム）が常識であったが、開発コスト面やメンテナンス面では劣後する。こうした業界の常識を破る取組みを進めるのは一朝一夕でできることではなく、全社的なDX推進体制を何年にも渡り進めてきた何よりの証左であろう。

目に見えないDX化ノウハウを武器に、今後も保守コストやシステム更改投資の削減が可能となることから、長期的には同業他社との間で収益性の違いを生んでいく。株価もそれにつれて上昇していくと想定される。

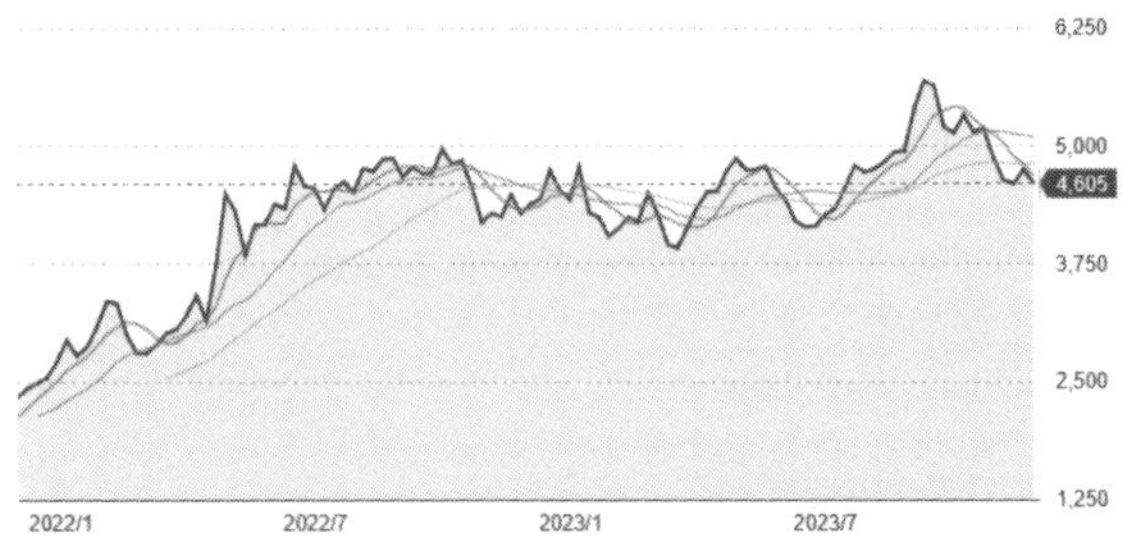

21年間、増収増益を継続中で配当金も毎年増額

イー・ギャランティ (8771)

時価総額：886億円

業種 その他金融業

社長 江藤公則

特色 企業の売掛債権保証で成長。リスクは再保証先に移転。地銀との業務提携を積極化。伊藤忠系。

昨年来高値	昨年来安値	現在価格	目標株価	狙い目ゾーン
2,463円(23/1/31)	1,625円(23/10/31)	1,892円	2,500円以上	1,800円前後

比較会社 ラクーンホールディングス(3031)

企業は、取引先との間で恒常的に掛け取引（信用取引）を行っており、常に取引先の与信管理が欠かせない。

同社は様々な企業から債権回収リスク（売掛金の回収）を引き受ける一方で、引き受けたリスクを細分化してファンド・金融機関に流動化する。リスク流動化の過程においてリスクは細分化・分散されるので、高額リスクの引受や低コストでのリスク引受を行う。さらに自らのリスクは再保証することで、リスクを下げたビジネスモデルを実現している。

機動的にさらに幅広い業界、様々な規模の企業審査の過程で集まる企業間取引のビッグデータを統計化して活用することで、担保があることを前提とした決算状況など静的な企業情報によるリスク審査だけではなく、企業の支払い状況など動的な情報も加味したリスク審査により、他社との差別化を図っている。

同社のビジネスはBtoB事業のストック型積上げビジネスモデルであることから、顧客数は毎年安定的に増加する。21年間増収増益を続けており、配当金も毎年増加。

グロース株に逆風が吹いている状況ではあるが、長い視点でみれば2,000円割れの水準は買いといえよう。

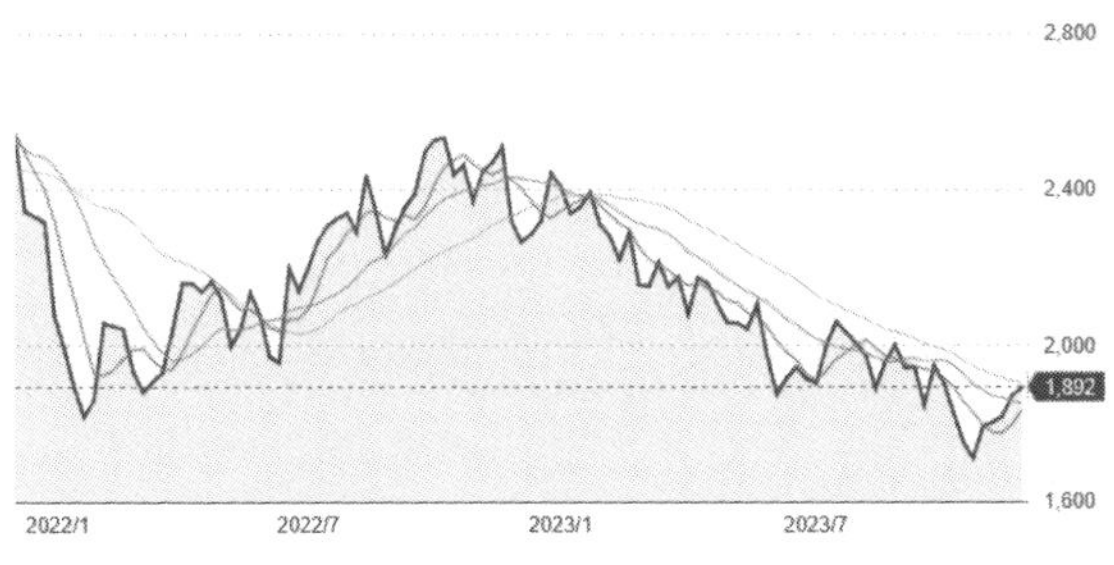

ビットコイン価格に合わせて株価も上昇

GMOフィナンシャルホールディングス (7177) 時価総額：880億円

業種 証券・商品先物取引業
社長 石村富隆
特色 GMOインターネットグループの金融持株会社。傘下にGMOクリック証券、GMOコイン。

昨年来高値	昨年来安値	現在価格	目標株価	狙い目ゾーン
785円（23/9/20）	510円（23/ 1/ 4）	718円	800円以上	680円前後

比較会社 SBIホールディングス(8473)　マネックスグループ(8698)

GMOインターネット傘下の金融サービス会社。外国為替証拠金に加えて、暗号資産を取り扱う。

外国為替市場で円安ドル高基調が続きFXは好調。しかし、同社の株価が上昇するには暗号資産(仮想通貨)市場の盛り上がりが欠かせない。

代表的な暗号資産といえば何といっても、ビットコイン。ビットコインの信任性については議論が分かれるところではあるが、誕生してから10年以上もの間、実体経済の決済に使われず、税金問題は解決していないが、コモディティと同様に投資対象としての地位を確立した。

ビットコインは総発行数が決まっており、長期保有者が一定の割合で存在するうえ、定期的に半減期が訪れて新規供給がされにくい仕組みになっている。今後も需給が引き締まるトレンドが続く。リスクオンになれば、ビットコインに投機資金が流れ込み価格急騰局面が何度もあるだろう。ビットコイン価格が上昇すれば、同社株も刺激され、株価の上昇が見込まれる。

購入タイミングとしては、株価が落ち着いた状況で仕込んでおき、配当金をもらいながら、ビットコインの価格に合わせて株価が上がっていく局面で丁寧に利益を確定していきたい。

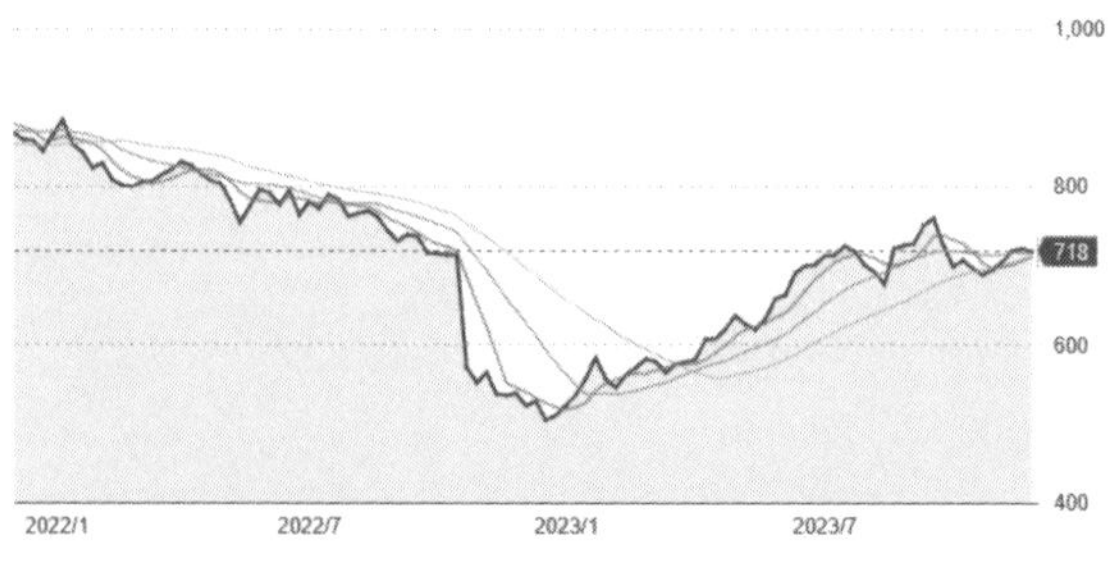

長期的なテーマ"脱炭素"の中心銘柄

東京製鐵（5423）

時価総額：2,727億円

業種　鉄鋼
社長　奈良暢明

特色　独立系の鉄鋼電炉メーカーで業界首位級。建材が主力で、機動的な価格政策に特長。熱延鋼板にも進出。

昨年来高値	昨年来安値	現在価格	目標株価	狙い目ゾーン
1,921円（23/9/21）	1,174円（23/1/4）	1,835円	2,000円以上	1,700円前後

比較会社　合同製鐵(5410)　共英製鋼(5440)　大和工業(5444)

独立系の鉄鋼電炉メーカー。機動的な取引価格変更が特徴で、業界の指標となっている。

鉄スクラップを電熱で溶解して製品としてよみがえらせる電炉は、鉄鉱石を主原料とする高炉と比べてCO2の排出量が1/4（同社資料より）というメリットがあり、脱炭素・循環型社会の実現のためには欠かせない技術である。

鉄スクラップに混ざった不純物を完全に取り除く技術が現時点では確立されておらず、純度の高さが求められる高級鋼材は高炉でないと作りにくいという課題点はあるものの、脱炭素の流れを受けて今後も技術革新が続いて電炉シフトが進んでいく可能性は高い。

また、インフレで鉄価格は上昇するので利ザヤの拡大が望めるうえ、今後も脱炭素電炉メーカーへの受注は着実に積み重なっていく。

電炉業界全体が業績の突然の悪化を織り込んでいるため低PER銘柄であり、かつ鉄鋼業の特徴として株価の値動きが重い銘柄ではあるが、脱炭素という10年単位の長期的なテーマの中心銘柄として売上の持続的な成長が望めよう。

株価も値嵩株ではなく、値動きがおとなしいため、タイミングを計るような売買をせずとも定期的に購入していきたい。

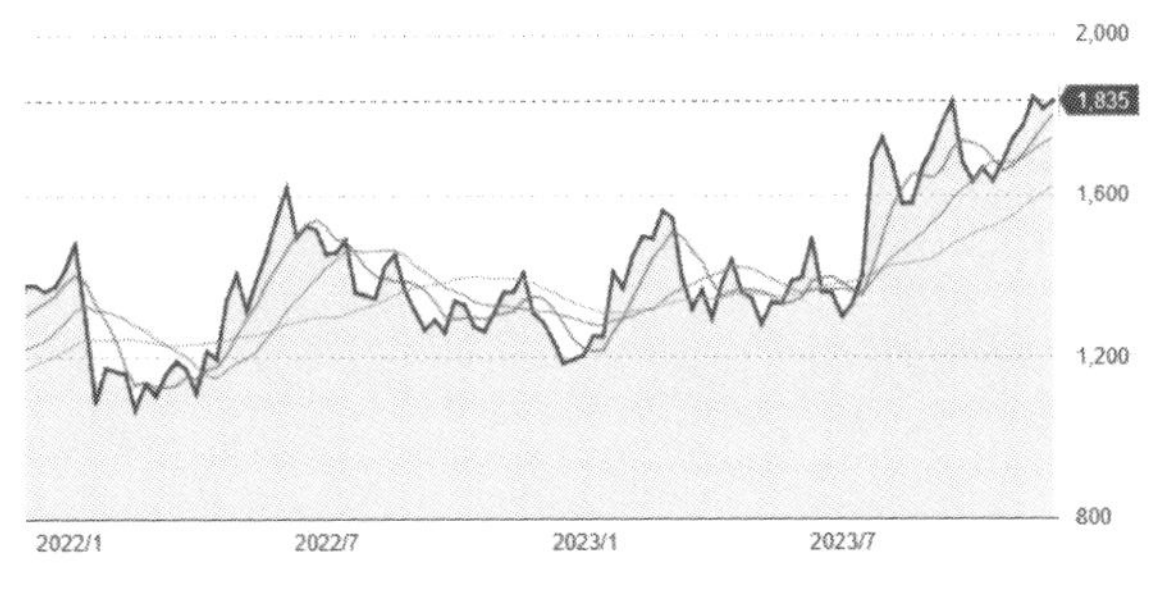

下値不安が少なく、配当性向50%程度と新NISAで物色されやすい銘柄

SHOEI (7839)

時価総額：990億円

業種 その他製品

社長 石田健一郎

特色 高級ヘルメット製造世界首位、国内生産。サイズ調整等サポート体制に強み。配当性向50%メド。

昨年来高値	昨年来安値	現在価格	目標株価	狙い目ゾーン
2,874円（23/4/4）	1,838円（23/11/17）	1,976円	2,400円以上	1,800円前後

比較会社 ZOA(3375)

世界的なヘルメットメーカー。同社はその中でも高級品市場に特化しており、同社の売上の8割は北米を中心とする海外市場であることから、海外での知名度が高い。

同社が取り扱うヘルメットは安全性が要求される商品であるため、経年劣化に伴う定期的な買い替え需要があること、また大規模な設備投資が不要であることから、収益性の高いビジネスモデルを確立していることが特徴。

事業の成長に合わせて株価はきれいな成長曲線を描いており、業績に裏づけされている分、株価の下値不安は少ない。

新商品を開発することはもちろん、海外代理店ネットワークを強化し、安定した修理・保守サービスを提供するなど、顧客満足度を高めながら海外での成長方針を打ち出しており、国内の縮小する市場とは無縁の成長企業である。

短期的にはレンジ圏内での値動きも予想されるが、業績が伸びれば高値を取っていくことが予想される。

内部留保を着実に貯めて実現した実質無借金経営に裏打ちされ、50%程度の配当性向も新NISAで物色される要因となろう。

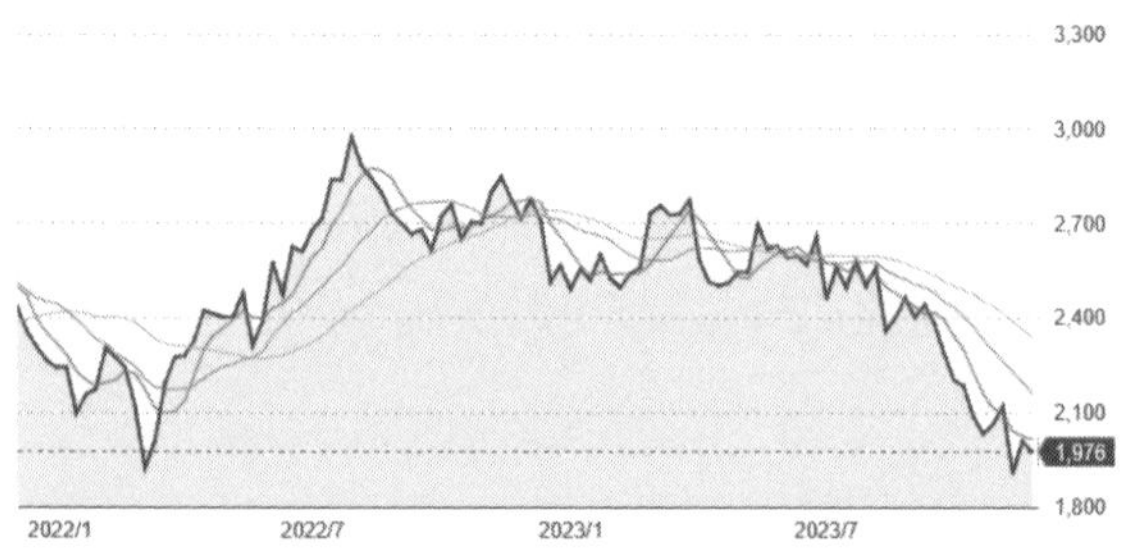

PER20倍前後までじっくり待って買いたい待ち伏せ銘柄

ウェザーニューズ（4825）

時価総額：647億円

業種 情報・通信業

社長 草開千仁

特色 民間気象情報で世界最大手。航海・鉄道・航空向けの交通気象に強い。個人向けも積極展開。

昨年来高値	昨年来安値	現在価格	目標株価	狙い目ゾーン
7,170円（23/2/1）	5,580円（23/10/18）	5,690円	8,000円以上	5,000円以下

比較会社 古野電気(6814)　ゼンリン(9474)　ALiNKインターネット(7077)

気象情報の配信大手。外航海運の大型船舶向けを中心とした航海気象に加え、航空、陸上気象など法人向けのビジネスは底堅く推移している。

多発する大雨や猛暑などの異常気象を背景に、精度の高い気象情報をリアルタイムで確認したいというニーズは強く、広告効果も寄与してモバイル・インターネット気象分野も拡大。

個人向けの天気予報のアプリ配信にも注力しており、同社の配信だということを意識せずに見ている人も多いはず。

今後も異常気象発生に備えた防災目的、レジャー・イベントなどの確認など、今いる地域のリアルタイムの気象情報には底堅いニーズがあること、また新規参入にはノウハウが必要となるため参入が難しいことは容易に想像できよう。

グロース株銘柄として成長期待が高まったときの高値からは下落したものの、金利高局面に転じた今、株価は割高であろう。高値からの下落が続いていて値ごろ感があるかのように見えるが、PER20倍くらいまで水準訂正はあってもおかしくない。

長期的な業績の伸びと、PER水準をにらみながら、適切なレンジに株価が入ってくるまで我慢してから投資したい。

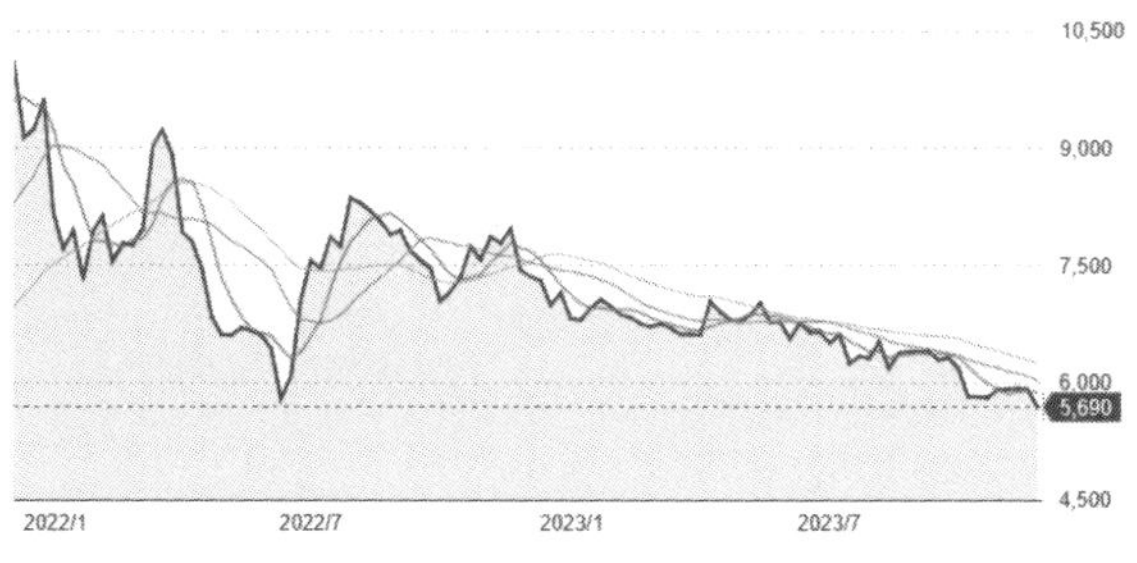

新NISAの導入、証券市場改革による株式市場の活性化で同社株価も上振れに

日本取引所グループ(8697)

時価総額：15,297億円

業種 その他金融業
社長 山道裕己
特色 国内唯一の総合取引所グループ。傘下に東証、大阪取引所、東京商品取引所(TOCOM)。

昨年来高値	昨年来安値	現在価格	目標株価	狙い目ゾーン
3,193円(23/11/6)	1,827.5円(23/1/11)	3,005円	4,000円以上	3,000円前後

比較会社 野村ホールディングス(8604)　大和証券グループ本社(8601)

日本の株式市場の運営を一手に担う、元締め企業である。現物株はもちろん、先物・オプション取引などの金融派生商品の取扱いも好調。

東証一部を最上位市場とする市場区分を見直し、株価の流動性や収益性が高い企業のみが上場できる東証プライム市場を頂点とし、スタンダード、グロース市場の3つの区分とする改革を実施。また、株価純資産倍率が低い、いわゆる低PBR銘柄についても、個別に業績改善の取組みを進めることを要請するなど、これまでの上場企業に対してのスタンスを変え、緊張感のある株式市場を提供することを明らかにしている。

こうした取組みは短期間で企業業績に効果が出るものではないが、地道な取り組みにより企業業績が改善していけば、市場全体の株価にはプラスの影響がある。新NISAの導入に加え、こうしたJPX（日本取引所G）の取組みは日本の証券市場にとって長期的に押し上げ要因となることを期待する。

株価が上昇してくれば当然取引も活発化し、同社の株価も上振れてくる。市場での取引成立や清算取引で得られる手数料と、発行体(上場企業)からの手数料の2つの収益柱で業績は安定しているため、同社は企業業績を気にせずとも投資することが可能な銘柄である。

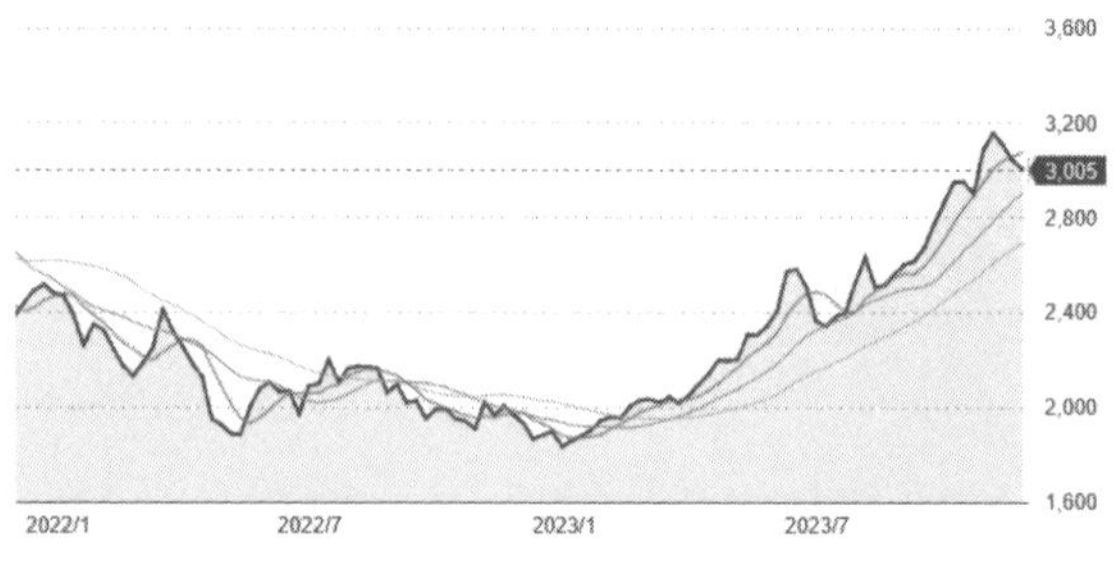

業績、配当金水準ともに安定、長期投資に向いた銘柄

ベルシステム24ホールディングス（6183） 時価総額：1,340億円

業種 サービス業
社長 野田 俊介
特色 コールセンター（CRM）事業大手。筆頭株主は伊藤忠。凸版と資本業務提携しBPO事業展開。

昨年来高値	昨年来安値	現在価格	目標株価	狙い目ゾーン
1,696円（23/12/1）	1,327円（23/1/6）	1,684円	1,700円以上	1,500円以下

比較会社 プレステージ・インターナショナル（4290）　トランスコスモス（9715）

コールセンターを祖業とし、幅広く企業のBPO(アウトソーシング)を手掛ける。ベトナム子会社も買収し、海外進出の足掛かりを得る。

今後日本の労働人口が減少していくことは確定しており、人材不足から企業が自社で業務プロセスを内製化することは困難となり、自社が行う事業と外部委託する事業を選別し、BPOに委託する流れは止まらない。構造の変化に伴い、新しく設立する企業も、BPOを使いながらコア業務に集中していく形で成長するのが一般的になる。

同社の強みは伊藤忠商事や凸版といった大手企業の資本参加後は、顧客基盤の拡大、海外事業展開の拡大はもちろんのこと、常にBPO業務を再定義し、顧客が抱える新たなソリューションを解決していくための新規事業開発が可能な体制が整っていることであろう。

競争が激しい分野ではあるが、業界最古参企業としてのブランドを背景に、海外のノウハウも取り入れながら高いサービスレベルを維持し続けていく。

直近での業績は安定しており、今後も事業分野が拡大するにつれて緩やかに成長していくことを想定する。配当金水準も安定しており、社会の荒波をビジネスチャンスに変えられるという意味で長期投資に向いた銘柄。

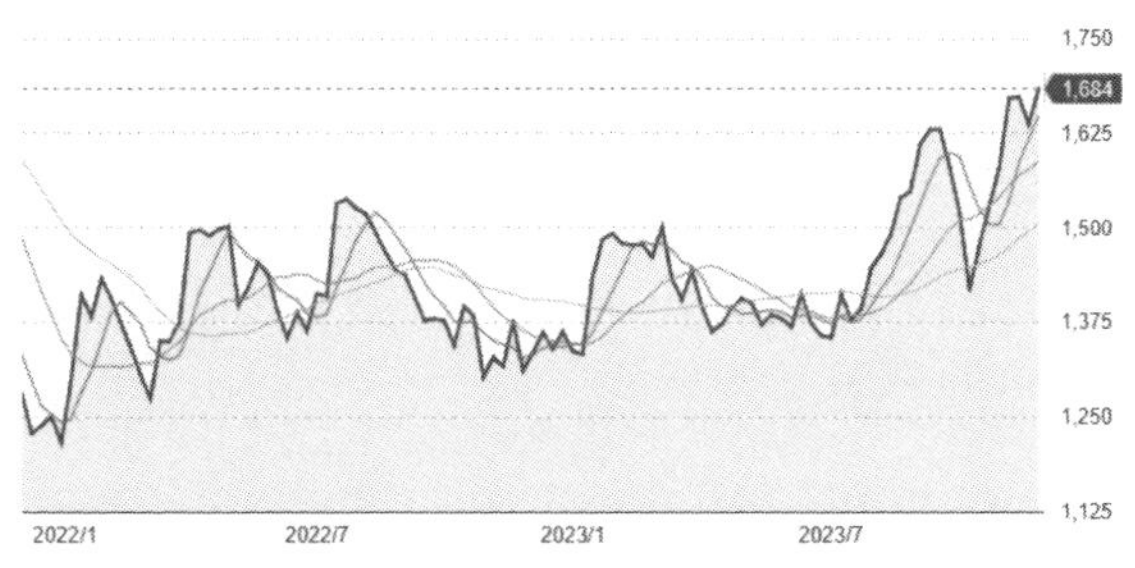

業績に不安少なく増配継続期待、M&A実現で業績面の上振れ期待も

シンメンテホールディングス (6086)

時価総額：161億円

業種 サービス業
社長 内藤秀雄
特色 店舗メンテ専業。飲食業向けを軸に、ドラッグストアや介護等に多様化推進。協力業者を全国に網羅。

昨年来高値	昨年来安値	現在価格	目標株価	狙い目ゾーン
1,774円(23/10/20)	1,142円(23/ 8/ 3)	1,478円	1,800円以上	1,500円前後

比較会社 三機サービス(6044)　ジャパンベストレスキューシステム(2453)　共立メンテナンス(9616)

チェーン展開している店舗・施設の設備・機器のトータルメンテナンスサービスを提供。エアコン、厨房機器、給排水の故障や保守・点検など店舗が抱える様々な問題解決を一手に担う。業界最大規模の全国メンテキーパー(協力業者)ネットワークを駆使した迅速かつローコストサービスを提供するのが強み。メンテナンスというニッチ市場に特化しており、今後も強力なライバル不在で成長性が残されている。

新型コロナ前は居酒屋業態に顧客が偏っていたが、顧客の分散化を積極的に進め、ドラッグストアや介護等の業界で着実に新規顧客を獲得。店舗にとっては利便性が高いため、年々顧客が積み重なるストックビジネスといえる。直近ではロボットによる業務用エアコン洗浄サービスをM&Aで買収し、今後業務用エアコン洗浄サービスで圧倒的なシェアを獲得することを展望している。清掃や修理などの業務は在庫がないことから一般的に利益が安定しており、今後も業績に不安は少なく、増配継続も期待できる。

これまでも同社はM&Aで事業を拡大しており、新たなM&Aが実現すれば、さらに業績面での上振れが期待できよう。保有株式に応じてもらえる株主優待(ジェフグルメカード)も魅力的な銘柄。

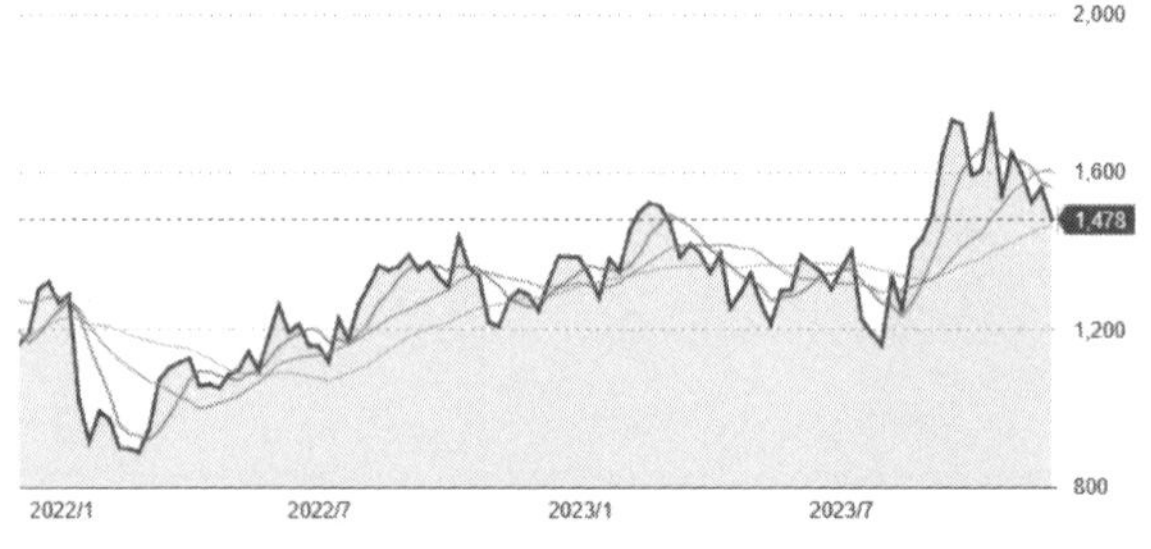

半導体市況に合わせて“押したら買い”のスタンスで臨む銘柄

信越化学工業（4063）

時価総額：101,206億円

業種　化学

社長　斉藤恭彦

特色　塩化ビニル樹脂、半導体シリコンウエハで世界首位。ケイ素樹脂、フォトレジスト等も。好財務体質。

昨年来高値	昨年来安値	現在価格	目標株価	狙い目ゾーン
5,289円（23/11/24）	3,158円（23/1/4）	5,199円	6,000円以上	4,500円前後

比較会社　三井化学(4183)　住友化学(4005)　三菱ケミカルグループ(4188)

塩化ビニル樹脂、半導体シリコンウエハで世界トップシェア。

我々が使うパソコン・スマートフォンなどにも内蔵されている半導体チップは、シリコンウエハをスライスした盤面上で何百にもわたる複雑かつ微細な加工の工程を経て製品化されていく。高品質の半導体を製作するには、すべての出発点の土台となるシリコンウエハの純度が高いことは欠かせない。ますます半導体は微細化・高性能化が求められている状況では、同社の製品はまさに半導体業界にとって、水のような欠かせない原材料である。

同社は好財務体質が特徴で、着実に内部留保を貯め、投資を続けていることで競争優位を確保している。

今後もAIの進化、クオリティの高い動画配信などで半導体のニーズそのものは確実に増加していくが、やはり製品の価格は市場の需給で決まるもの。巨額の先行設備投資が必要となる半導体業界では、市況を見ながら投資することは難しく、投資サイクル上、製品がだぶつけば当然製品価格は下落する。

同社の業績は売上比率が高いシリコンウエハ事業が半導体市況の影響を受けるため、半導体市場が下落する場面もあるが、新NISA枠を使った投資では、基本的には“押したら買い”のスタンスで臨みたい。

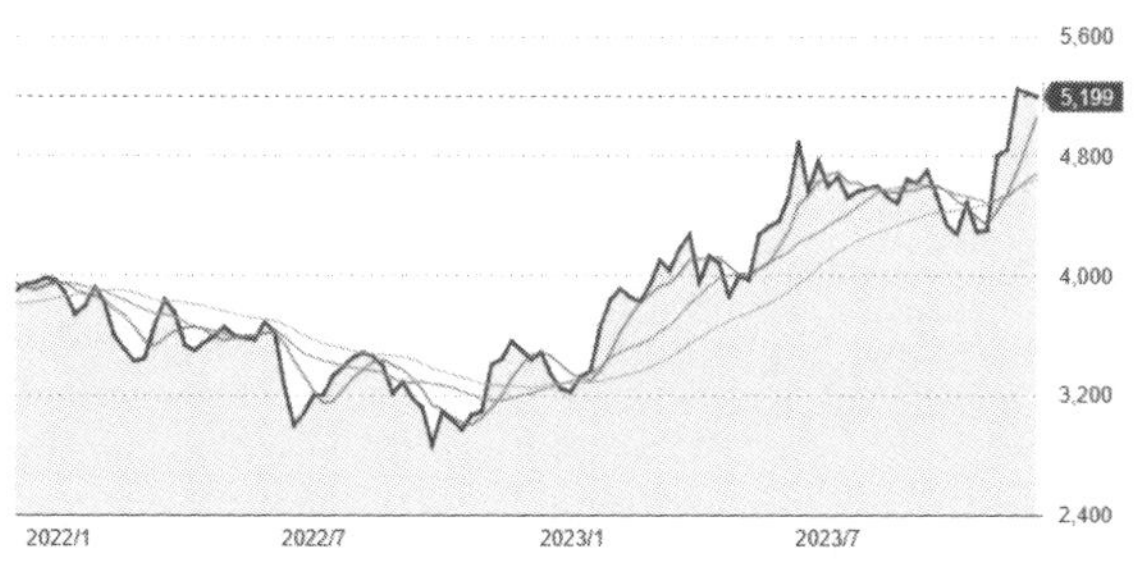

半導体関連の低PBR&高配当銘柄

フェローテックホールディングス(6890) 時価総額：1,251億円

業種 電気機器

社長 賀 賢漢

特色 半導体ウエハ・半導体設備向け部品を製造。真空シール世界シェア6割。装置や材料、消耗品も手掛ける。

昨年来高値	昨年来安値	現在価格	目標株価	狙い目ゾーン
3,925円(23/ 7/ 4)	2,603円(23/11/ 1)	2,879円	3,500円以上	2,200円以下

比較会社 レーザーテック(6920) ハーモニック・ドライブ・システムズ(6324) アルバック(6728)

半導体向け真空パックシェア6割。半導体製造装置事業、電子デバイス装置関連事業に加えて、電気自動車関連事業を事業ポートフォリオに加え、売上・利益ともに直近3年間で急成長。成長分野への積極投資方針を掲げる。

これまで、主力となる半導体事業で中国に生産拠点・販売拠点を持っていたことから中国の景気動向を受けやすかったが、日本含め中国国外に生産拠点を分散化している。

常に経営陣が先々の成長分野の調査を続け、トップダウンで大胆な事業構造の転換をこれまでも続けてきた。10年前は太陽光発電事業に注力していたが、直近では半導体製造装置がメイン。現在は長期的な脱炭素の流れからグリーンエネルギー市場が拡大することに備え、着々と投資を続けている。

同社は祖業にこだわらず、事業買収を続けながら事業ポートフォリオを柔軟かつ大胆に変化し続けていくという、華僑的経営を特徴としている。株主還元にも意欲を見せ、現在20%の配当性向を今後30%に引き上げる予定。

現時点では業績の大幅な伸長により、割安感が強まっていることから、低PBR銘柄としても狙える。

大胆経営ゆえの短期的な業績悪化は覚悟で投資したい。

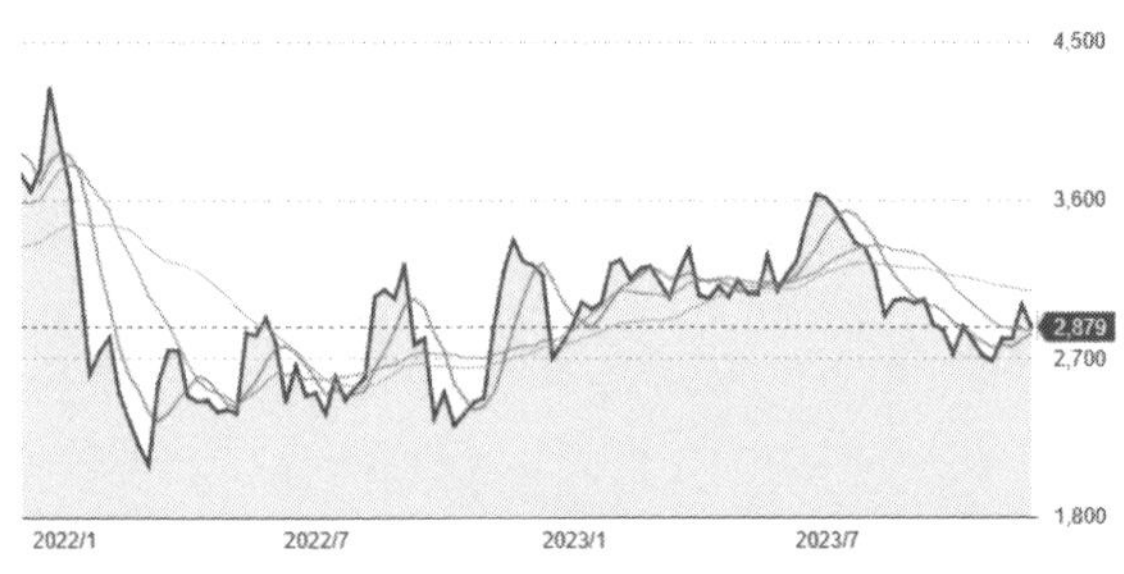

目先の上げ下げにはとらわれず、安定配当をもらいながらしっかりとホールド

SCREENホールディングス（7735）

時価総額：11,896億円

業種 電気機器

社長 廣江敏朗

特色 半導体製造装置の大手、ウエハ洗浄装置では世界断トツ。液晶製造装置や印刷機器も展開。

昨年来高値	昨年来安値	現在価格	目標株価	狙い目ゾーン
10,940円（23/12/1）	4,125円（23/1/4）	10,875円	12,000円以上	9,000円以下

比較会社 東京エレクトロン(8035)

半導体チップの製造では何百にもわたる工程で徹底した表面処理(洗浄・エッチング・塗布・成膜)が行われる。ナノ単位の微細な半導体チップの製造プロセスにおいては、まさにチリ一つ、粉末一つが製品に付着するだけで製品が使い物にならなくなってしまうことを防ぐために、細心の注意が払われている。

同社は表面処理の中でも、特に洗浄プロセスにおいて世界的に高いシェアを持つオンリーワン企業。微細化・積層化が進むスマートフォンなどの最先端デバイスだけでなく、IoTや車載向けなどの成熟した技術分野を含むあらゆる分野で、幅広く対応する。

中国・韓国・台湾といった東アジア地域の半導体メーカーを中心に海外売上比率が高く、円安トレンドは業績の上振れ要因に。

情報通信量が飛躍的に増加する中で半導体市況の活況は続き、株価は業績に合わせて急伸してきたが、足元ではやや調整局面に入っている。同社の本質的な強みは健在で、しばらくは横ばい局面となっているが、先行きに対する強弱感が交錯して株主が入れ替わっている時期と見る。

目先の上げ下げにはとらわれず安定配当をもらいながらしっかりとホールドを続け、業績拡大につれて急騰する局面に備えたい。

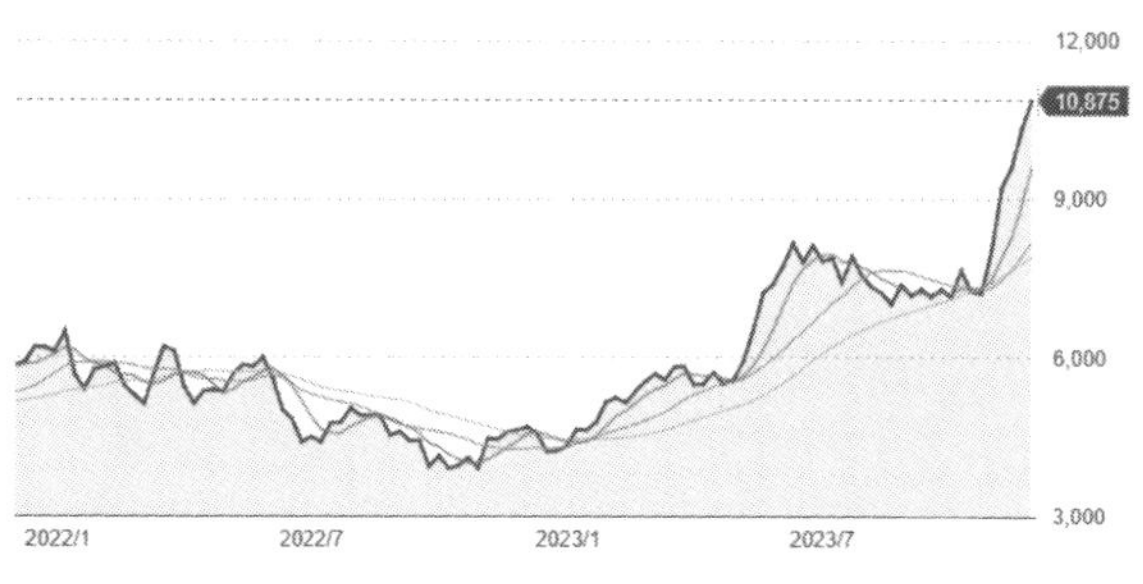

長田淳司（ながた・じゅんじ）

サラリーマン投資家を支援する投資家。1981年8月生まれ。一橋大学を卒業後、某金融機関に勤務。機関投資家向けの有価証券管理業務や海外営業に従事。現在、自身もサラリーマンとして株式投資を続ける。2005年から株式投資を開始。一攫千金を狙い短期急騰銘柄への投資に挑戦するも高値でつかみ、損切りできずに100万円以上のマイナスを経験する。さらに、リーマンショック期に損失は500万円に膨らむ。貯金のほとんどを失い、何をすることもできなくなる中、もう一度、株式投資に挑戦することを決意。損失が膨らんだ原因を分析し、敗因は「銘柄の基本的分析、資金管理をせずに感情に任せていた」と気づく。その後、投資スタイルを見直し、サラリーマンとして自分に合った手法、リスクを限定させリターンを得る手法を試す。様々な試行錯誤を繰り返し、「株は理論価格に収斂する」「中・長期で成長する銘柄に投資する」「チャンスを待ち、チャンスを見極める」という独自のスタイルで株式投資を続ける。その結果、ポジションを拡大、投資スタイルを確立させ、300万円の資金から1億円近くまで増やす。株式投資の初心者向けに経済誌の解説や株式投資の知識を紹介する、オンザボード「経済誌欠席裁判」に出演中。中小企業経営者、ビジネスパーソンを中心に延べ3000人を対象に投資セミナーを行う。分かりやすさと実践的な内容で、セミナー講師としても好評を博している。

●長田淳司のメールマガジンはこちら https://www.growth-stock.com/mailmag
●著者メールアドレス nagata.junji1981@gmail.com
●オンラインサロン連絡先 https://www.growth-stock.com

新NISAはほったらかしが9割

2024年1月20日　第1刷発行

発行者 ―――― 島野浩二
発行所 ―――― 株式会社双葉社
〒162-8540　東京都新宿区東五軒町３番28号
[電話] 03-5261-4818（営業）　03-5261-4827（編集）
http://www.futabasha.co.jp/
（双葉社の書籍・コミック・ムックが買えます）

印刷所・製本所 ― 中央精版印刷株式会社
装丁・デザイン―― 鈴木徹（THROB）
編集協力 ―――― 鈴木実（21世紀BOX）

ISBN978-4-575-31855-5 C0076